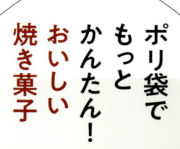

ポリ袋でもっとかんたん！おいしい焼き菓子

オイルで作る・バターで作る59レシピ

稲田多佳子

PHP研究所

はじめに 5
ポリ袋でできること・作り方のコツ 6
道具 8
材料 10

［ クッキー ］

アメリカンクッキー
〈バター〉❶ プレーン 12
〈バター〉❷ くるみ 14
〈バター〉❸ コーヒー×チョコチップ 15

コロコロクッキー
〈バター〉❶ プレーン 16
〈バター〉❷ チーズ 18
〈バター〉❸ ココア 19

クラッカー
〈オイル〉❶ プレーン 20
〈オイル〉❷ バジル 22
〈オイル〉❸ エビ×黒こしょう 23

パイロールクッキー
〈オイル〉❶ すりごま 24
〈オイル〉❷ ほうじ茶 26
〈オイル〉❸ シナモン 27

ショートブレッド
〈オイル〉❶ プレーン 28
〈オイル〉❷ 塩バニラ 30
〈オイル〉❸ 抹茶 31

［ スコーン ］

オイルスコーン
❶ プレーン 32
❷ さつまいも 34
❸ 全粒粉×ミルクチョコレート 35
❹ 小豆 36

ヨーグルトバタースコーン
❶ プレーン 38
❷ レモン 40
❸ ハム 41

クリームスコーン
❶ 紅茶 42
❷ ブルーベリー 44
❸ ローズマリー 45
❹ かぼちゃ 46

［ ビスコッティ ］

オイルで作るビスコッティ
❶ 黒ごま 48
❷ オレンジピール×アーモンド 50
❸ ほうじ茶×マカダミアナッツ 51

バターで作るビスコッティ
❶ ココナッツ 52
❷ カシューナッツ 54
❸ コーヒー×ピーカンナッツ 55

ノンオイルビスコッティ
❶ ココア×ヘーゼルナッツ 56
❷ いちじく×くるみ 58
❸ アプリコット×松の実 59

ケーキ

はちみつケーキ
〈バター〉❶ プレーン 62
〈バター〉❷ ジンジャー 64
〈バター〉❸ メープル×アーモンド 65

ヨーグルトケーキ
〈バター〉❶ ブルーベリージャム 66
〈バター〉❷ ゆず 68
〈バター〉❸ 白桃×ラズベリー 69

バナナケーキ
〈オイル〉❶ プレーン 70
〈オイル〉❷ 黒糖 72
〈オイル〉❸ くるみ 73

ココアケーキ
〈オイル〉❶ チョコレート 74
〈オイル〉❷ クリームチーズ 76
〈オイル〉❸ ラムレーズン×ビスケット 77

ソーダブレッド

オイルで作るソーダブレッド
❶ プレーン 78
❷ チーズ 80
❸ グリーンピース×ベーコン 81

バターで作るソーダブレッド
❶ 全粒粉 82
❷ りんご 84
❸ 甘納豆 85

パン

スティックパン
〈オイル〉❶ プレーン 86
〈オイル〉❷ トマト 88
〈オイル〉❸ ソーセージ 89

くるくるブレッド
〈生クリーム〉❶ ピーナッツバター 90
〈生クリーム〉❷ あんこ 92
〈生クリーム〉❸ 紅茶×オレンジマーマレード 93

コラム① ＋アイシングでおめかしアレンジ　60
コラム② ＋ラッピングで贈るお菓子のアイデア　94

レシピの決まり
● レシピ内の大さじ1は15ml、小さじ1は5mlです。
● オーブンはガスオーブンを使用しています。
機種や熱源によって焼き時間が異なる場合もありますので、様子を見ながら加減してください。
● 電子レンジは出力600Wのものを使用しています。
● バターを電子レンジで溶かす時は、時々容器をゆするか中を混ぜながら行ってください。

ポリ袋でもっと気軽にお菓子作り！

はじめに

この本では、ポリ袋と台所にある一般的な道具だけで、おいしい焼き菓子を作ります。

「本当にちゃんと作れるの？」
「ポリ袋で作ったお菓子がおいしいの？」

読者の方は、きっとそんなふうに思われるのではないでしょうか。
でもね、大丈夫なんです。
子どもの頃からもう何十年もお菓子を焼き続けてきたわたしが自信をもってご紹介する、このポリ袋製法。
ポリ袋があれば、ボウルや泡立て器、ゴムベラなどがなくたって、それらの製菓道具を使って作ったものと味も見た目も変わらず、本当においしく、しかも簡単に、焼き菓子が作れるんです！

この方法は、ほかにもメリットがいっぱい。

道具があれこれ要らないから、準備も後片付けも驚くほどラク。
洗い物の少なさには目を見張るほどです。
手順もあっけないほど簡単で、お菓子作り初めてさんでも上手にできるはず。
ポリ袋を振ったり揉んだりの工程は楽しくて、小さなお子さんとも一緒に遊び感覚でお菓子が作れるし、また、ハンディキャップのある方も何らかの形で参加でき、作ることの楽しさや達成感を味わっていただけることと思います。

この本では、日常のおやつやちょっとした贈り物にもぴったりなおいしくて可愛い焼き菓子を、バリエーション豊かに集めました。できるだけ手に入りやすい材料で、ほんのちょっぴりの遊び心も加えて。オイル、バター、生クリームなど、その時の気分や好みによって使う油分を選べるレシピ展開です。

基本の道具を使ってきちんと丁寧に作るからこそ、お菓子がおいしく焼き上がる。長いあいだそう思ってきたわたしですが、同じようにおいしくできるならと、最近はもっぱら「ポリ袋」でお菓子を焼く日々です。

これまであるようでなかった、とても身近で新しいお菓子の作り方、
ぜひ一度試してみてくださいね。

稲田多佳子

ポリ袋でできること

ポリ袋でできること 1
ふるう

ポリ袋に粉類を入れ、上下左右にシャカシャカ振ります。これが粉をふるう作業になります。粉ふるいやザルは必要ありません。

ポリ袋でできること 2
混ぜる

ポリ袋を振り混ぜたり揉み混ぜたりして、生地を作ります。ポリ袋がボウルの役目を果たし、泡立て器やゴムベラも必要ありません。

作り方のコツ

「ふるう」のコツ

空気を入れた状態で、袋の口を4〜6回ねじってしっかりと閉じます。袋の中で粉類がよく舞うようハリをもたせるように持ち、50回以上よく振り混ぜます。かかる時間はほんの20〜30秒。粉類にかたまりがある場合は、袋の外から指でつぶしながら振り混ぜます。

「振り混ぜる」のコツ

粉類をふるった後、液体材料を加えて振り混ぜる時も、「ふるう」時と同様、空気を含ませてポリ袋の口をしっかりと閉じます。クッキー、スコーン、ビスコッティなど水分の少ない生地は、振り混ぜるうちに生地が大まかにまとまってきます。この時、袋の側面や角についた生地も一緒に時々軽く握りながら振り混ぜると、より早くきれいにまとまります。

ポリ袋でできること 3
まとめる

クッキーやスコーンは、ポリ袋を切り開いて作業シート代わりにするので台も汚れません。数回のして生地を均一にまとめます。

ポリ袋でできること 4
流し込む

とろりとしたゆるめのケーキ生地は、ポリ袋の角を切って絞るように型に流し込むことができるので、洗い物も最小限で済みます。

「揉み混ぜる」のコツ

ケーキなど水分の多い生地は、液体材料を加えて振り混ぜなじませましたら、袋の空気を抜いて、袋の口を4～6回ねじってしっかりと閉じ(キッチン用クリップで留めたり、ひと結びしてもよい)、なめらかになるまで外から手で揉み混ぜます。だいたい50～60回程度、しっかり揉み混ぜて。ここでもし粉類のかたまりがあれば、つぶしながら揉んでなじませます。

「のす」のコツ

クッキー、スコーン、ビスコッティなど水分の少ない生地は、ポリ袋の中で生地が大まかにまとまったら、袋の2辺を切り開いてシート状にし、その上で数回のして生地を均一にまとめていきます。「のす」とは、生地を2つ折りにし、手の平全体でグッと押し広げる作業。この時、袋の内側に残った生地をくっつけるようにしてきれいにしながら、ひとつにまとめていきます。

道具

使う道具はとてもシンプル。特別なお菓子作りの道具はあれこれ必要なく、ポリ袋とキッチンにある一般的な道具だけで、すぐにお菓子作りを始められます。

a ポリ袋
サイズは縦30cm×横25cm、「中」や「Mサイズ」と表示されている、ごく一般的なものを使用しています。厚さは0.02mm以上のものを。

b ボウル
材料を直接入れるのではなく、ポリ袋をボウルにかぶせて安定させるために使います。ここでは直径約15cmのボウルを使いましたが、同程度サイズの丼やサラダボウルなど何でもOKです。

c 計量カップ
卵を溶く、液体材料を混ぜる時などに。容量は1カップ(200ml)が余裕をもって入るくらいが扱いやすく、丈夫なグラスやマグカップなどでも構いません。電子レンジにかける際は、レンジOKの材質で。

d オーブンシート
くっつかない加工のされた紙製のシート。焼いたお菓子を取り出しやすくするため、天板や型に敷きます。

e めん棒
一部のレシピでクッキー生地をのばしたり、ナッツを砕いたりする時に使用。100円ショップなどでも気軽に手に入ります。

f パウンド型と丸型
ケーキ生地とパン生地を焼く時に。大きさは、パウンド型は縦18×横8×高さ8cm、丸型は直径15cmです。

g スケール
デジタル表示が特におすすめ。簡単に誤差なく計量できるので、作業がストレスなくスムーズに進みます。

h 計量スプーン
ベーキングパウダーなど少量の粉類を量る時などに使用。大さじは15mℓ、小さじは5mℓ。小さな小さじ1/2、1/4もあると重宝します。

i キッチンバサミ
ポリ袋やオーブンシートを切る時に。清潔な工作用ハサミなどでも構いません。

材料

本書で使用した主な材料、わたしが気に入って使っているものをご紹介します。材料を選ぶ際の参考にしてみてください。これらに限らず、もちろん手に入りやすいもの、普段お使いのものでOKです。

● 粉類

薄力粉
お菓子作りに欠かせない基本の粉。本書では「ドルチェ」(江別製粉)を使用。ほんのりとした自然な甘み、小麦本来の風味が生きた、焼き菓子にぴったりのおいしい粉です。

強力粉
イーストで膨らませるパン生地には薄力粉よりもたんぱく質を多く含む強力粉を使います。本書では香り高く味のよい「はるゆたかブレンド」(江別製粉)を使用。ドルチェ同様、国産で安心です。

アーモンドパウダー
アーモンドを細かな粉状に挽いたもの。ナッツのコクや味わいの深さが加わることで、お菓子がリッチに、より一層おいしくなります。

きび砂糖
ナチュラルでやさしい色味と風味。スーパーでも入手しやすい日新製糖のきび砂糖を使用。すっきりとした甘みや色味に焼き上げたい時は、グラニュー糖に置き換えても。

塩
甘いお菓子にもほんの少しの塩を加えることで味が引き締まり、また、甘みも際立つように感じます。普段お使いのものでOKですが、あれば天然のものがおすすめ。

バター・オイル

バター
食塩不使用のバターを使用。メーカーによって味わいも少しずつ違ってくるので、いくつか試してみて好みのものを探すのも楽しいと思います。

植物油
クセのないお好みの油で。さらりと軽くてどんなお菓子にも使いやすいオレインリッチ(ひまわり油)や、太白ごま油が私のお気に入りです。

オリーブオイル
塩気のある食事向きのお菓子では、青みのある爽やかなオリーブオイルもよく合います。お持ちのものの香りや苦みが強い場合は、無味無臭の植物油と合わせて使うとバランスがよくなります。

卵・乳製品

牛乳
無脂肪乳や低脂肪乳ではない、適度なコクのあるごく普通の成分無調整の牛乳を。

生クリーム
純動物性脂肪で乳脂肪分47%を使用。35%などのライトな生クリームでは水分が多くなるので、必ず45%以上のものを使って。

ヨーグルト
無糖のプレーンタイプです。本書では酸味がとてもマイルドな「生乳100%ヨーグルト」(小岩井乳業)を使用しました。

卵
Lサイズ(目安の重量は正味約60g)を使用しました。本書のお菓子は気軽に作ってほしいので、もしなければ生地の感じは少し変わりますが、大きめMサイズ程度のものでも構いません。

ベーキングパウダー・イースト

ベーキングパウダー
アルミニウム(ミョウバン)不使用の「ラムフォードアルミニウムフリーベーキングパウダー」を使用しました。

インスタントドライイースト
「スティックパン」と「くるくるブレッド」に、「サフインスタントドライイースト(赤)」を使用しました。

［クッキー］

アメリカンクッキー

ホームメイド感いっぱい、親しみやすさが魅力のさっくりクッキーです。
バターの香りがふくよかに広がるこんなクッキーも、ポリ袋で作ると本当に簡単。
3時のおやつに、コーヒータイムに、気軽に焼いてみてくださいね。

アメリカンクッキー〈バター〉❶
プレーン

粉、きび砂糖、バター、牛乳。材料のおいしさを素直に楽しめる、プレーンなクッキー。
副材料が入らないから作りやすく、合わせる飲み物を選ばない、便利なレシピです。

材料（約18個分）

A
- 薄力粉　95g
- きび砂糖　30g
- 塩　ひとつまみ
- ベーキングパウダー　ふたつまみ

バター　40g
牛乳　20g

下準備
- バターは電子レンジで溶かす。
- 天板にオーブンシートを敷く。
- オーブンを170℃に温める。

作り方

❶ ポリ袋にAを入れ（a）、袋の口をねじってしっかりと閉じ、よく振ってふるい合わせる（b）。

❷ 溶かしたバターを加え、袋の口をねじってしっかりと閉じ、振り混ぜる。ぽろぽろのそぼろ状になれば（c）、牛乳を加え、袋の口をねじってしっかりと閉じ、ひとまとまりになるまで振り混ぜる（d）。

❸ ハサミで袋を切り開き（e）、生地を「2つ折りにしてのす」ことを5〜6回繰り返してまとめる（f）。

❹ 約大さじ½ずつ取って丸め（g）、厚みを少し押しつぶし（h）、真ん中を軽く凹ませて形を整える。

❺ 天板に間隔をあけて並べ（i）、170℃のオーブンで18分ほど焼く。

a

b

c

d

e

f

g

h

i

アメリカンクッキー〈バター〉❷
くるみ

溶かしバターで作る生地は、ナッツとの相性がとてもよいと感じます。
香ばしさの中にほのかな渋み、歯応えも心地よいくるみをたっぷりと加えました。

材料(約25個分)

A
- 薄力粉　85g
- きび砂糖　30g
- 塩　ひとつまみ
- ベーキングパウダー　ふたつまみ
- くるみ(ロースト)　50g

- バター　40g
- 牛乳　20g

下準備
- くるみはポリ袋に入れ、めん棒で叩いて細かく砕く。
- バターは電子レンジで溶かす。
- 天板にオーブンシートを敷く。
- オーブンを170℃に温める。

作り方
❶ くるみを砕いたものとは別のポリ袋にAを入れ、袋の口をねじってしっかりと閉じ、よく振ってふるい合わせる。
❷ 溶かしたバターを加え、袋の口をねじってしっかりと閉じ、振り混ぜる。ぽろぽろのそぼろ状になれば、牛乳を加え、袋の口をねじってしっかりと閉じ、ひとまとまりになるまで振り混ぜる。
❸ ハサミで袋を切り開き、生地を「2つ折りにしてのす」ことを5〜6回繰り返してまとめる。
❹ 約大さじ½ずつ取って丸め、厚みを少し押しつぶし真ん中を軽く凹ませて、形を整える。
❺ 天板に間隔をあけて並べ、170℃のオーブンで18分ほど焼く。

アメリカンクッキー〈バター〉❸
コーヒー×チョコチップ

エスプレッソにチョコレートシロップがおいしいカフェモカをイメージし、
インスタントコーヒーとチョコチップを混ぜ込みました。チョコチップの甘さの分、きび砂糖はやや控えています。

材料(約20個分)

A
- 薄力粉　90g
- きび砂糖　25g
- 塩　ひとつまみ
- ベーキングパウダー　ふたつまみ
- インスタントコーヒー(顆粒)　5g
- チョコチップ　30g

- バター　40g
- 牛乳　20g

下準備
- バターは電子レンジで溶かす。
- 天板にオーブンシートを敷く。
- オーブンを170℃に温める。

作り方

❶ ポリ袋にAを入れ、袋の口をねじってしっかりと閉じ、よく振ってふるい合わせる。

❷ 溶かしたバターを加え、袋の口をねじってしっかりと閉じ、振り混ぜる。ぽろぽろのそぼろ状になれば、牛乳を加え、袋の口をねじってしっかりと閉じ、ひとまとまりになるまで振り混ぜる。

❸ ハサミで袋を切り開き、生地を「2つ折りにしてのす」ことを5～6回繰り返してまとめる。

❹ 約大さじ½ずつ取って丸め、厚みを少し押しつぶし真ん中を軽く凹ませて、形を整える。

❺ 天板に間隔をあけて並べ、170℃のオーブンで18分ほど焼く。

コロコロクッキー

ケーキ屋さんの焼き菓子コーナーでもよく見かける人気のスノーボールもポリ袋で。
ふわりと粉砂糖をまとったコロコロの小さな一口サイズがとても可愛いお菓子。
粉砂糖と冷めたクッキーを共にポリ袋に入れ、転がしながらまぶしつけると簡単です。

コロコロクッキー〈バター〉❶
プレーン

リッチな風味にほろっと崩れるようなやさしい食感は、アーモンドパウダーのおかげ。
シンプルだけどどなたにも好まれるクッキーだから、贈り物にも重宝します。

材料(約25個分)

A	薄力粉　70g
	アーモンドパウダー　40g
	きび砂糖　20g
	塩　ひとつまみ

バター　45g

仕上げ用の粉砂糖(溶けにくいタイプ)
　適量

下準備
- バターは電子レンジで溶かす。
- 天板にオーブンシートを敷く。
- オーブンを170℃に温める。

作り方

❶ ポリ袋にAを入れ、袋の口をねじってしっかりと閉じ、よく振ってふるい合わせる(a)。

❷ 溶かしたバターを加え、袋の口をねじってしっかりと閉じ、よく振り混ぜる。大小のかたまりがいくつかできるくらいになれば、袋の外側から手でざっとまとめる(b)。

❸ ハサミで袋を切り開き(c)、生地を「2つ折りにしてのす」ことを5〜6回繰り返してまとめる(d)。

❹ 小さじ1くらいずつ取り、手でぎゅっと握りながら丸める(e)。

❺ 天板に間隔をあけて並べ(f)、170℃のオーブンで15分ほど焼く。

❻ 冷めたら粉砂糖をまぶして仕上げる。

a

b

c

d

e

f

コロコロクッキー〈バター〉❷
チーズ

こっくりと濃厚、一粒でも満足できそうなチーズのコロコロクッキーです。
エッジの効いた大人の甘いおつまみとして、アクセントに黒こしょうを少し加えてみても面白い。

材料(約26個分)

A
- 薄力粉　70g
- 粉チーズ　25g
- アーモンドパウダー　30g
- きび砂糖　15g
- 塩　少々

バター　45g

仕上げ用の粉砂糖(溶けにくいタイプ)
　適量

下準備
- バターは電子レンジで溶かす。
- 天板にオーブンシートを敷く。
- オーブンを170℃に温める。

作り方

❶ ポリ袋にAを入れ、袋の口をねじってしっかりと閉じ、よく振ってふるい合わせる。

❷ 溶かしたバターを加え、袋の口をねじってしっかりと閉じ、よく振り混ぜる。大小のかたまりがいくつかできるくらいになれば、袋の外側から手でざっとまとめる。

❸ ハサミで袋を切り開き、生地を「2つ折りにしてのす」ことを5～6回繰り返してまとめる。

❹ 小さじ1くらいずつ取り、手でぎゅっと握りながら丸める。

❺ 天板に間隔をあけて並べ、170℃のオーブンで15分ほど焼く。

❻ 冷めたら粉砂糖をまぶして仕上げる。

コロコロクッキー〈バター〉❸
ココア

真っ白な粉砂糖の中は、深い焦げ茶色のココア生地。割った時にわかる対極のコントラスト。
ココアパウダーは、甘みやミルク成分の入っていない純粋なものを使いましょう。

材料(約25個分)

A
- 薄力粉　60g
- ココアパウダー　10g
- アーモンドパウダー　40g
- きび砂糖　25g
- 塩　ひとつまみ

バター　45g

仕上げ用の粉砂糖(溶けにくいタイプ)
　適量

下準備
- バターは電子レンジで溶かす。
- 天板にオーブンシートを敷く。
- オーブンを170℃に温める。

作り方

❶ ポリ袋にAを入れ(ココアパウダーは茶漉しを通す)、袋の口をねじってしっかりと閉じ、よく振ってふるい合わせる。

❷ 溶かしたバターを加え、袋の口をねじってしっかりと閉じ、よく振り混ぜる。大小のかたまりがいくつかできるくらいになれば、袋の外側から手でざっとまとめる。

❸ ハサミで袋を切り開き、生地を「2つ折りにしてのす」ことを5〜6回繰り返してまとめる。

❹ 小さじ1くらいずつ取り、手でぎゅっと握りながら丸める。

❺ 天板に間隔をあけて並べ、170℃のオーブンで15分ほど焼く。

❻ 冷めたら粉砂糖をまぶして仕上げる。

クラッカー

塩味のクラッカー3種類、植物性のオイルを使ってカリッと軽やかに焼き上げました。プレーンとバジルはオリーブオイルで、エビ×黒こしょうは「オレインリッチ」などの無臭の油に香りの強いごま油を少しだけ合わせ、風味づけして焼くのが気に入っています。

クラッカー〈オイル〉❶
プレーン

材料を振り混ぜたら、たたんでまとめるだけ。層を感じる軽い生地が誰にでも上手に作れます。
表面に塩をパラパラッとふって焼くとひときわ塩味が立ちます。おつまみにおすすめ。

材料（約30枚分）

A
- 薄力粉　100g
- きび砂糖　5g
- 塩　小さじ1/3
- ベーキングパウダー　ふたつまみ

B
- 植物油　25g
- 水　25g

下準備
- オーブンを180℃に温める。

作り方

❶ ポリ袋にAを入れ、袋の口をねじってしっかりと閉じ、よく振ってふるい合わせる。

❷ Bをよく混ぜて加え(a)、袋の口をねじってしっかりと閉じ、よく振り混ぜる(b)。大小のかたまりがゴロゴロとできるくらいになれば、袋の外側から手で生地をざっとまとめる。

❸ ハサミで袋を切り開き、生地を「2つ折りにしてのす」ことを3〜4回繰り返して(c)四角くまとめる。

❹ オーブンシートにのせてラップをふわりとかけ、2〜3mm厚さにめん棒で四角くのばす(d)。包丁で約3cm角に切れ目を入れ(e)、フォークで空気穴をあける(f)。

❺ オーブンシートごと天板にのせて、180℃のオーブンで15分ほど焼く。熱いうちに包丁で切れ目にそって切り離す。

a

b　　c

d　　e

f

クラッカー〈オイル〉❷
バジル

青いバジルの香りが爽やかなクラッカー。ドライハーブで作るお手軽レシピです。
バジルの代わりにオレガノ、タイム、ローズマリーなどでもいいし、数種合わせて使っても。

材料（約30枚分）

A
- 薄力粉　90g
- きび砂糖　5g
- 塩　小さじ⅓
- 粉チーズ　10g
- ベーキングパウダー　ふたつまみ
- バジル（ドライ）　小さじ2

B
- 植物油　25g
- 水　25g

下準備
- オーブンを180℃に温める。

作り方

❶ ポリ袋にAを入れ、袋の口をねじってしっかりと閉じ、よく振ってふるい合わせる。

❷ Bをよく混ぜて加え、袋の口をねじってしっかりと閉じ、よく振り混ぜる。大小のかたまりがゴロゴロとできるくらいになれば、袋の外側から手で生地をざっとまとめる。

❸ ハサミで袋を切り開き、生地を「2つ折りにしてのす」ことを3〜4回繰り返して四角くまとめる。

❹ オーブンシートにのせてラップをふわりとかけ、2〜3mm厚さにめん棒で四角くのばす。包丁で約3cm角に切れ目を入れ、フォークで空気穴をあける。

❺ オーブンシートごと天板にのせて、180℃のオーブンで15分ほど焼く。熱いうちに包丁で切り目にそって切り離す。

クラッカー〈オイル〉❸
エビ×黒こしょう

エビせんべいみたいな感覚で温かい日本茶と一緒に楽しみたい、少し和風なクラッカー。
リーズナブルなあみエビを使いましたが、桜エビなどでももちろんOKです。

材料(約30枚分)

A
- 薄力粉　90g
- きび砂糖　5g
- 塩　小さじ¼
- ベーキングパウダー　ふたつまみ
- 干しあみエビ　10g
- 黒こしょう　小さじ¼

B
- 植物油　25g
- 水　25g

仕上げの塩　適量

下準備
- オーブンを180℃に温める。

作り方

❶ ポリ袋にAを入れ、袋の口をねじってしっかりと閉じ、よく振ってふるい合わせる。

❷ Bをよく混ぜて加え、袋の口をねじってしっかりと閉じ、よく振り混ぜる。大小のかたまりがゴロゴロとできるくらいになれば、袋の外側から手で生地をざっとまとめる。

❸ ハサミで袋を切り開き、生地を「2つ折りにしてのす」ことを3～4回繰り返して四角くまとめる。

❹ オーブンシートにのせてラップをふわりとかけ、2～3mm厚さにめん棒で四角くのばす。包丁で約3㎝角に切れ目を入れ、フォークで空気穴をあける。

❺ オーブンシートごと天板にのせて塩をふり、180℃のオーブンで15分ほど焼く。熱いうちに包丁で切り目にそって切り離す。

パイロールクッキー

パイ風のサクサク生地をシート状にのばし、フレーバーをちらしてくるくる巻きます。
一口サイズにカットすれば、なんとも愛らしい渦巻き模様のでき上がり。
最後にふりかけるお砂糖はたっぷりがおいしい。両面にまぶしつけても構いません。

パイロールクッキー〈オイル〉❶
すりごま

金のすりごまを使用し、穏やかな黄金色の渦巻きを作りました。
黒や白のすりごまに置き換えると、また違った表情が楽しめます。

材料（約28枚分）

A
- 薄力粉　100g
- きび砂糖　20g
- 塩　ふたつまみ
- ベーキングパウダー　小さじ¼

- 植物油　40g
- 牛乳　15g

B
- すりごま　大さじ1
- きび砂糖　小さじ1

- トッピング用のきび砂糖　適量

下準備
- 天板にオーブンシートを敷く。
- オーブンを180℃に温める。

作り方

❶ ポリ袋にAを入れ、袋の口をねじってしっかりと閉じ、よく振ってふるい合わせる。

❷ 植物油を加え、袋の口をねじってしっかりと閉じ、振り混ぜる。ぼろぼろのそぼろ状になれば(a)、牛乳を加え、袋の口をねじってしっかりと閉じ、ひとまとまりになるまで振り混ぜる(b)。

❸ ハサミで袋を切り開き、生地を「2つ折りにしてのす」ことを4〜5回繰り返してまとめる(c)。

❹ そのままポリ袋で生地をはさみ、約19×23cmにめん棒で四角くのばす(d)。生地とポリ袋が密着しているので、一度生地からポリ袋をはがす。Bをちらし、手で全体に広げ、手の平で押さえて落ち着かせる。

❺ 生地を手前の端から少しずつ押さえるようにしながら丁寧に巻いていく(e)。巻き終わりをやさしく押さえて落ち着かせ、軽く転がしてなじませる。

❻ 8mm程度の厚さに切り分け(f)、形を整えて(g)天板に並べる。きび砂糖をふり(h)、180℃のオーブンで13〜15分焼く。

a

b

c

d

e

f

g

h

パイロールクッキー〈オイル〉❷
ほうじ茶

クセのないオイルで作る生地はコクがありながらもあっさり。
繊細で香ばしいほうじ茶の味と香りをひとつ食べたらもうひとつと、ついついつまんでしまうおいしさ。

材料（約28枚分）

A	薄力粉　100g きび砂糖　15g 塩　ふたつまみ ベーキングパウダー　小さじ¼

植物油　40g
牛乳　15g
ほうじ茶の葉　4g

トッピング用のきび砂糖　適量

下準備
● ほうじ茶の葉はすり鉢などですって細かくする。
● 天板にオーブンシートを敷く。
● オーブンを180℃に温める。

作り方
❶ ポリ袋にAを入れ、袋の口をねじってしっかりと閉じ、よく振ってふるい合わせる。

❷ 植物油を加え、袋の口をねじってしっかりと閉じ、振り混ぜる。ぽろぽろのそぼろ状になれば、牛乳を加え、袋の口をねじってしっかりと閉じ、ひとまとまりになるまで振り混ぜる。

❸ ハサミで袋を切り開き、生地を「2つ折りにしてのす」ことを4〜5回繰り返してまとめる。

❹ そのままポリ袋で生地をはさみ、約19×23cmにめん棒で四角くのばす。生地とポリ袋が密着しているので、一度生地からポリ袋をはがす。ほうじ茶の葉をちらして、手で全体に広げ、手の平で押さえて落ち着かせる。

❺ 生地を手前の端から少しずつ押さえるようにしながら丁寧に巻いていく。巻き終わりをやさしく押さえて落ち着かせ、軽く転がしてなじませる。

❻ 8mm程度の厚さに切り分け、形を整えて天板に並べる。片面にきび砂糖をつけ、180℃のオーブンで13〜15分焼く。

パイロールクッキー〈オイル〉❸
シナモン

午後のコーヒータイムにぜひ焼いてみてほしい、鼻をくすぐるシナモンフレーバーのクッキー。
ジンジャーやカルダモンパウダーなどを合わせると、複雑でよりスパイシーに。

クッキー

材料（約28枚分）

A
- 薄力粉　100g
- きび砂糖　15g
- 塩　ふたつまみ
- ベーキングパウダー　小さじ¼

- 植物油　40g
- 牛乳　15g
- シナモンパウダー　小さじ1

- トッピング用のグラニュー糖　適量

下準備
- 天板にオーブンシートを敷く。
- オーブンを180℃に温める。

作り方

❶ ポリ袋にAを入れ、袋の口をねじってしっかりと閉じ、よく振ってふるい合わせる。

❷ 植物油を加え、袋の口をねじってしっかりと閉じ、振り混ぜる。ぼろぼろのそぼろ状になれば、牛乳を加え、袋の口をねじってしっかりと閉じ、ひとまとまりになるまで振り混ぜる。

❸ ハサミで袋を切り開き、生地を「2つ折りにしてのす」ことを4～5回繰り返してまとめる。

❹ そのままポリ袋で生地をはさみ、約19×23cmにめん棒で四角くのばす。生地とポリ袋が密着しているので、一度生地からポリ袋をはがす。シナモンパウダーをちらして、手で全体に広げ、手の平で押さえて落ち着かせる。

❺ 生地を手前の端から少しずつ押さえるようにしながら丁寧に巻いていく。巻き終わりをやさしく押さえて落ち着かせ、軽く転がしてなじませる。

❻ 8mm程度の厚さに切り分け、形を整えて天板に並べる。片面にグラニュー糖をつけ、180℃のオーブンで13～15分焼く。

ショートブレッド

オイルで作るショートブレッドは、さっくり感とざっくり感のバランスがよく、とてもおいしい。
バターを切り混ぜる、泡立てる、溶かすなどの手間がないので、とにかく簡単。
空気穴が模様としてもしっかり残るよう、竹串はとがった先とは逆側を使って穴をあけましょう。

ショートブレッド〈オイル〉❶
プレーン

平らな円形に形作って8等分、少し大きめサイズです。あまりお腹の空いていないひとりの朝なら、温かいミルクティーやカフェオレと一緒に1枚。そんな朝食も大歓迎なわたしです。

材料（8枚分）

A
- 薄力粉　100g
- きび砂糖　25g
- 塩　ふたつまみ
- ベーキングパウダー　ふたつまみ

- 植物油　40g
- 牛乳　10g

下準備
- オーブンを170℃に温める。

作り方

❶ ポリ袋にAを入れ、袋の口をねじってしっかりと閉じ、よく振ってふるい合わせる（a）。

❷ 植物油を加え、袋の口をねじってしっかりと閉じ、振り混ぜる。ぽろぽろのそぼろ状になれば、牛乳を加え、袋の口をねじってしっかりと閉じ、ひとまとまりになるまで振り混ぜる（b）。

❸ ハサミで袋を切り開き、生地を「2つ折りにしてのす」ことを5〜6回繰り返してまとめる（c）。

❹ 軽く丸めてオーブンシートの上に置き（d）、ラップをふわりとかけて、めん棒で直径15〜16cmにのばす（e）。形を整え、包丁で放射状に8等分し、竹串で空気穴をあける（f）。

❺ オーブンシートごと天板にのせ、170℃のオーブンで20分ほど焼く。熱いうちに包丁で切り目にそって切り離す。

a

b

c

d

e

f

ショートブレッド〈オイル〉❷
塩バニラ

芳醇なバニラの香りいっぱい、甘じょっぱい味わいもクセになりそうなリッチなショートブレッド。
ここでは生地を2等分し、小さな三角に切り分けました。バニラはオイルやエクストラクトで代用しても。

材料（16枚分）

A
- 薄力粉　100g
- きび砂糖　25g
- 塩　小さじ¼
- ベーキングパウダー　ふたつまみ

- 植物油　40g
- 牛乳　10g
- バニラビーンズ　½本

- トッピングの塩　適量

下準備
- バニラビーンズは縦2等分して中の種をこそげ、植物油と合わせておく。
- オーブンを170℃に温める。

作り方

❶ ポリ袋にAを入れ、袋の口をねじってしっかりと閉じ、よく振ってふるい合わせる。

❷ 植物油を加え、袋の口をねじってしっかりと閉じ、振り混ぜる。ぽろぽろのそぼろ状になれば、牛乳を加え、袋の口をねじってしっかりと閉じ、ひとまとまりになるまで振り混ぜる。

❸ ハサミで袋を切り開き、生地を「2つ折りにしてのす」ことを5～6回繰り返してまとめ、2等分する。

❹ それぞれ軽く丸めてオーブンシートの上に置き、ラップをふわりとかけて、めん棒で直径約10cmにのばす。形を整え、包丁で放射状に8等分し、竹串で空気穴をあけ、塩をほんの少しだけふる。

❺ オーブンシートごと天板にのせ、170℃のオーブンで18分ほど焼く。熱いうちに包丁で切り目にそって切り離す。

ショートブレッド〈オイル〉❸
抹茶

グリーンの色味、ほんのりと舌に残るほろ苦さなど、使う抹茶によって変わってくるところも興味深い、お抹茶のお菓子。日本茶に合わせるほか、牛乳ともすんなりなじむ懐の深さが嬉しい。

材料（12枚分）

A
- 薄力粉　95g
- 抹茶　5g
- きび砂糖　30g
- 塩　ひとつまみ
- ベーキングパウダー　ふたつまみ

- 植物油　40g
- 牛乳　10g

下準備
- オーブンを170℃に温める。

作り方

❶ ポリ袋にAを入れ（抹茶は茶漉しを通す）、袋の口をねじってしっかりと閉じ、よく振ってふるい合わせる。

❷ 植物油を加え、袋の口をねじってしっかりと閉じ、振り混ぜる。ぽろぽろのそぼろ状になれば、牛乳を加え、袋の口をねじってしっかりと閉じ、ひとまとまりになるまで振り混ぜる。

❸ ハサミで袋を切り開き、生地を「2つ折りにしてのす」ことを5〜6回繰り返してまとめる。

❹ 軽く丸めてオーブンシートの上に置き、ラップをふわりとかけて、めん棒で直径15〜16cmにのばす。形を整え、包丁で放射状に12等分し、竹串で空気穴をあける。

❺ オーブンシートごと天板にのせ、170℃のオーブンで20分ほど焼く。熱いうちに包丁で切り目にそって切り離す。

[スコーン]

オイルスコーン

何より作りたてが本当においしいと思うスコーン。バターではなくオイルを使い、
ボウルの代わりにポリ袋で作ることで、いつでもパパッと焼きたて！が無理なく叶います。
後片付けの手間もほとんどないので、忙しい朝にもトーストを焼くような気持ちでぜひ挑戦を。

オイルスコーン ❶
プレーン

しみじみとした粉のおいしさをストレートに感じられるのも、プレーンならではのよさ。
さっくり割ってそのまま、ジャムやクリームを添えて。お好きなスタイルで温かいうちにどうぞ。

材料（8個分）

A
- 薄力粉　120g
- きび砂糖　20g
- 塩　ひとつまみ
- ベーキングパウダー　小さじ1

B
- 植物油　40g
- 牛乳　40g

下準備
- 天板にオーブンシートを敷く。
- オーブンを180℃に温める。

作り方

❶ ポリ袋にAを入れ、袋の口をねじってしっかりと閉じ、よく振ってふるい合わせる（a）。

❷ Bをよく混ぜ、①に加える（b）。袋の口をねじってしっかりと閉じ、大きなかたまりがゴロゴロとできるくらい〜ほぼまとまるくらいまで振り混ぜる（c）。

❸ 袋の上から生地をざっとまとめ、ハサミで袋を切り開く（d）。生地を「2つ折りにしてのす」ことを4〜5回繰り返して（e）四角くまとめ、約8×15cmの長方形に整える。

❹ 8等分して（f）天板にのせ（g）、180℃のオーブンで12〜13分焼く。

a

b

c

d

e

f

g

オイルスコーン ❷
さつまいも

すりおろしたさつまいもで、ほくほくとしたやさしい味わい。牛乳を卵黄1個分に置き換えると、風味とさっくり感が増して焼き上がります。少量ながら見た目と味のアクセントになる黒ごまも忘れずに。

材料(8個分)

A
- 薄力粉　100g
- きび砂糖　25g
- 塩　ひとつまみ
- ベーキングパウダー　小さじ1

B
- 植物油　40g
- 牛乳　15g

- さつまいも　小½本程度(60g)
- トッピング用の黒炒りごま　適量

下準備
- さつまいもは皮ごとすりおろす。
- 天板にオーブンシートを敷く。
- オーブンを180℃に温める。

作り方

❶ ポリ袋にAを入れ、袋の口をねじってしっかりと閉じ、よく振ってふるい合わせる。

❷ よく混ぜ合わせたBとさつまいもを①に加える。袋の口をねじってしっかりと閉じ、大きなかたまりがゴロゴロとできるくらい〜ほぼまとまるくらいまで振り混ぜる。

❸ 袋の上から生地をざっとまとめ、ハサミで袋を切り開く。生地を「2つ折りにしてのす」ことを4〜5回繰り返して四角くまとめ、約8×15cmの長方形に整える。

❹ 8等分して天板にのせ、黒炒りごまをふって、180℃のオーブンで15分ほど焼く。

オイルスコーン ❸
全粒粉×ミルクチョコレート

ザクザク食感とコーヒーがお好きな方に特におすすめしたい、コーヒーが格別においしくなるとびきりのスコーンです。甘いミルクチョコレートがとろける焼きたては、手作りするからこそ。

材料（8個分）

A
- 薄力粉　90g
- 全粒粉　30g
- きび砂糖　15g
- 塩　ひとつまみ
- ベーキングパウダー　小さじ1
- 板チョコレート（ミルク）　1枚（50g）

B
- 植物油　40g
- 牛乳　45g

下準備
- 板チョコレートは粗く刻み、冷蔵庫に入れておく。
- 天板にオーブンシートを敷く。
- オーブンを180℃に温める。

作り方

❶ ポリ袋にAを入れ、袋の口をねじってしっかりと閉じ、よく振ってふるい合わせる。

❷ Bをよく混ぜ、①に加える。袋の口をねじってしっかりと閉じ、大きなかたまりがゴロゴロとできるくらい〜ほぼまとまるくらいまで振り混ぜる。

❸ 袋の上から生地をざっとまとめ、ハサミで袋を切り開く。生地を「2つ折りにしてのす」ことを4〜5回繰り返して四角くまとめ、約8×15cmの長方形に整える。

❹ 8等分して天板にのせ、180℃のオーブンで12〜13分焼く。

オイルスコーン ❹
小豆

牛乳の代わりに生クリームを使ったコクのあるリッチな生地に、茹で小豆を大胆に混ぜ込みました。茹で小豆は生地からこぼれたりはみ出たりしても気にせずに、手早くまとめてオーブンへ。

材料（8個分）

A
- 薄力粉　120g
- きび砂糖　15g
- 塩　ひとつまみ
- ベーキングパウダー　小さじ1

B
- 植物油　40g
- 生クリーム　35g

茹で小豆　75gほど

下準備
- 天板にオーブンシートを敷く。
- オーブンを180℃に温める。

作り方
❶ ポリ袋にAを入れ、袋の口をねじってしっかりと閉じ、よく振ってふるい合わせる。
❷ Bをよく混ぜ、①に加える。袋の口をねじってしっかりと閉じ、大きなかたまりがゴロゴロとできるくらい〜ほぼまとまるくらいまで振り混ぜる。
❸ 袋の上から生地をざっとまとめ、ハサミで袋を切り開く。生地をのして広げ、小豆½量をのせる（a）。生地を2つに折り、のして広げ、残りの小豆をのせたら、生地を「2つ折りにしてのす」（b）ことを3〜4回繰り返して四角くまとめ（c）、約8×15cmの長方形に整える。
❹ 8等分して天板にのせ、180℃のオーブンで15分ほど焼く。

a

b

c

ヨーグルトバタースコーン

プレーンヨーグルトを合わせた溶かしバターはあっさり軽めの発酵バターを思わせます。
塩味のお食事向けレシピ3種のうち、プレーンとレモンはきび砂糖を増やし、
塩をひとつまみにして焼くと、甘いスコーンにもなります。

ヨーグルトバタースコーン ❶
プレーン

食べやすい短めスティックタイプ。天板に並べる際は、表面、切り口、どちらを上にしてもOK。
粗塩、ハーブやカレー粉、粉チーズ、こしょうなどをかけて焼けば、いろいろな変化を楽しめます。

材料（6個分）

A
- 薄力粉　120g
- きび砂糖　5g
- 塩　小さじ¼
- ベーキングパウダー　小さじ1

- バター　50g
- ヨーグルト　40g

下準備
- バターを電子レンジで溶かす。
- 天板にオーブンシートを敷く。
- オーブンを180℃に温める。

作り方

❶ ポリ袋にAを入れ、袋の口をねじってしっかりと閉じ、よく振ってふるい合わせる。

❷ バターにヨーグルトを加えて混ぜ、①に加える（a）。袋の口をねじってしっかりと閉じ、大きなかたまりがゴロゴロとできるくらい～ほぼまとまるくらいまで振り混ぜる（b）（c）。

❸ 袋の上から生地を手で軽く押さえて落ち着かせ、ハサミで袋を切り開く。生地を「2つ折りにしてのす」ことを4～5回繰り返して（d）四角くまとめ、約8×15cmの長方形に整える（e）。

❹ 6等分して（f）天板にのせ、180℃のオーブンで15分ほど焼く。

a

b

c

d

e

f

ヨーグルトバタースコーン ❷
レモン

すりおろしたレモンの皮だけで香りづけした、清涼感溢れるさっぱりスコーンは、
チーズやハムと食べたり、スープに添えたり。ゆずやすだちで和風にしてもなかなかいけます。

材料（6個分）

A
- 薄力粉　120g
- きび砂糖　5g
- 塩　小さじ¼
- ベーキングパウダー　小さじ1

- バター　50g
- ヨーグルト　40g
- レモンの皮（すりおろし）　1個分

下準備
- バターを電子レンジで溶かす。
- 天板にオーブンシートを敷く。
- オーブンを180℃に温める。

作り方
❶ ポリ袋にAを入れ、袋の口をねじってしっかりと閉じ、よく振ってふるい合わせる。

❷ バターにヨーグルトを加えて混ぜ、①に加える。レモンの皮も加える。袋の口をねじってしっかりと閉じ、大きなかたまりがゴロゴロとできるくらい〜ほぼまとまるくらいまで振り混ぜる。

❸ 袋の上から生地を手で軽く押さえて落ち着かせ、ハサミで袋を切り開く。生地を「2つ折りにしてのす」ことを4〜5回繰り返して四角くまとめ、約8×15cmの長方形に整える。

❹ 6等分して天板にのせ、180℃のオーブンで15分ほど焼く。

ヨーグルトバタースコーン ❸
ハム

刻んだハムがたっぷり。お惣菜パンやスナックパンの感覚で、このまま食べたいスコーン。
ハムをスパイシーなサラミに替えれば、ちょっと気の利いたおつまみに変身します。

材料（6個分）

A
- 薄力粉　120g
- きび砂糖　5g
- 塩　ふたつまみ
- ベーキングパウダー　小さじ1

- バター　50g
- ヨーグルト　40g
- ハム　40〜50g

下準備
- バターを電子レンジで溶かす。
- ハムは粗いみじん切りにする。
- 天板にオーブンシートを敷く。
- オーブンを180℃に温める。

作り方

❶ ポリ袋にAを入れ、袋の口をねじってしっかりと閉じ、よく振ってふるい合わせる。

❷ バターにヨーグルトを加えて混ぜ、①に加える。ハムも加える。袋の口をねじってしっかりと閉じ、大きなかたまりがゴロゴロとできるくらい〜ほぼまとまるくらいまで振り混ぜる。

❸ 袋の上から生地を手で軽く押さえて落ち着かせ、ハサミで袋を切り開く。生地を「2つ折りにしてのす」ことを4〜5回繰り返して四角くまとめ、約8×15cmの長方形に整える。

❹ 6等分して天板にのせ、180℃のオーブンで15分ほど焼く。

クリームスコーン

粉類を生クリームだけでまとめた生地は、とても簡単なのに、外側さっくり、中はふんわりミルキー。
何もつけずに食べても口の中の水分を奪われることがなく、翌日もしっとり感が続きます。
最後にポリ袋の上で成形、カットして、オーブンシートを敷いた天板に並べても。作りやすい方法で。

クリームスコーン ❶
紅茶

紅茶の葉をそのままダイレクトに粉類に合わせる作りやすいレシピ。葉は、もとから細かく加工されているティーバッグが便利。香りがしっかりと残るアールグレイなどの着香茶が特におすすめです。

材料（8個分）

A
- 薄力粉　115g
- 紅茶の葉　5g
- きび砂糖　25g
- 塩　ひとつまみ
- ベーキングパウダー　小さじ1

生クリーム　120g

下準備
- 紅茶の葉はすり鉢で細かくする。（ティーバッグの場合、ラップで挟み、めん棒を転がしながら押しつぶすとさらに細かくなる（a）。）
- オーブンを180℃に温める。

作り方

❶ ポリ袋にAを入れ、袋の口をねじってしっかりと閉じ、よく振ってふるい合わせる。

❷ 生クリームを加え、袋の口をねじってしっかりと閉じ、大小のかたまりがゴロゴロとできるくらい〜ほぼまとまるくらいまで振り混ぜる（時々袋の外から生地を軽く握りながら振るとよい）（b）（c）。

❸ 袋の上から生地をざっとまとめ、ハサミで袋を切り開く。生地を「2つ折りにしてのす」ことを4〜5回繰り返してまとめ（d）、ざっと丸めてオーブンシートにのせる。直径約12cmの円形に整え（e）、包丁で放射状に8等分する（f）。

❹ オーブンシートごと天板にのせ、間隔をあけて並べ（g）、180℃のオーブンで15分ほど焼く。

a

b

c

d

e

f　　　g

クリームスコーン ❷
ブルーベリー

フレッシュなブルーベリーを焼き込んだ、フルーティーで瑞々しいスコーンです。
生がなければ冷凍のブルーベリーをそのまま使っても。水分が出やすいので手早く作業を進めましょう。

材料（8個分）

A
- 薄力粉　120g
- きび砂糖　25g
- 塩　ひとつまみ
- ベーキングパウダー　小さじ1

- 生クリーム　120g
- ブルーベリー　50g

下準備
- オーブンを180℃に温める。

作り方

❶ ポリ袋にAを入れ、袋の口をねじってしっかりと閉じ、よく振ってふるい合わせる。

❷ ブルーベリーと生クリームを加え、袋の口をねじってしっかりと閉じ、大小のかたまりがゴロゴロとできるくらい〜ほぼまとまるくらいまで振り混ぜる。

❸ 袋の上から生地をざっとまとめ、ハサミで袋を切り開く。生地を「2つ折りにしてのす」ことを4〜5回繰り返してまとめ、ざっと丸めてオーブンシートにのせる。直径約12cmの円形に整え、包丁で放射状に8等分する。

❹ オーブンシートごと天板にのせ、間隔をあけて並べ、180℃のオーブンで15分ほど焼く。

クリームスコーン ❸
ローズマリー

ナチュラルなハーブの香りもクリーミーな生地によく合います。ここではローズマリーの葉を細かく刻んで加えました。たっぷりよりやや控えめくらいがよいバランス。はちみつをたらして召し上がれ。

材料(8個分)

A
- 薄力粉　120g
- きび砂糖　20g
- 塩　ひとつまみ
- ベーキングパウダー　小さじ1

- 生クリーム　120g
- ローズマリー　1枝

下準備
- ローズマリーは葉の部分を細かく刻む。
- オーブンを180℃に温める。

作り方

❶ ポリ袋にAを入れ、袋の口をねじってしっかりと閉じ、よく振ってふるい合わせる。

❷ ローズマリーと生クリームを加え、袋の口をねじってしっかりと閉じ、大小のかたまりがゴロゴロとできるくらい〜ほぼまとまるくらいまで振り混ぜる。

❸ 袋の上から生地をざっとまとめ、ハサミで袋を切り開く。生地を「2つ折りにしてのす」ことを4〜5回繰り返してまとめ、ざっと丸めてオーブンシートにのせる。直径約12㎝の円形に整え、包丁で放射状に8等分する。

❹ オーブンシートごと天板にのせ、間隔をあけて並べ、180℃のオーブンで15分ほど焼く。

クリームスコーン ❹
かぼちゃ

ぽくぽくのかぼちゃをざっくりと混ぜ込み、成形後は切り離さず大きなままでしっとり焼き上げます。
かぼちゃはレンジで加熱しましたが、余裕があれば蒸し器などで蒸して火を通すと甘みが増します。

材料（8個分）

A
- 薄力粉　120g
- きび砂糖　25g
- 塩　ひとつまみ
- ベーキングパウダー　小さじ1

- 生クリーム　100g
- かぼちゃ（正味）　80g

下準備
- 天板にオーブンシートを敷く。
- オーブンを180℃に温める。

作り方

❶　かぼちゃは種を除いて4cm角程度に切り、耐熱皿に並べる。軽く水をふりかけてラップをふわりとかけ、電子レンジで5分ほど加熱してやわらかくし、皮を除いて冷ましておく。

❷　ポリ袋にAを入れ、袋の口をねじってしっかりと閉じ、よく振ってふるい合わせる。

❸　かぼちゃと生クリームを加え、袋の口をねじってしっかりと閉じ、大小のかたまりがゴロゴロとできるくらい〜ほぼまとまるくらいまで振り混ぜる。

❹　袋の上から生地ををざっとまとめ、ハサミで袋を切り開く。生地を「2つ折りにしてのす」ことを4〜5回繰り返してまとめ、ざっと丸めてオーブンシートにのせる。直径約12cmの円形に整え、包丁で放射状に8等分する。

❺　オーブンシートごと天板にのせ、180℃のオーブンで20分ほど焼く。

スコーン

[ビスコッティ]

オイルで作るビスコッティ

ビスコッティには「2度焼く」という意味があって、その名前の通りの工程を取ります。
そう聞くと少し面倒に思われるかもしれませんが、やってみるとこれがなかなか面白いのです。
ざっくりガリッとしていながら、とても軽い自慢のレシピ。まずはオイルで作るタイプから試してみて。

オイルで作るビスコッティ ❶
黒ごま

栄養成分たっぷりの黒ごまがぎっしり。おいしく食べて健康になれるヘルシーおやつです。
大きく焼いた生地は、ようやく粗熱が取れたくらい、まだ熱さの残るうちに切り分けるのがポイント。

材料（約16枚分）

A
- 薄力粉　90g
- 黒炒りごま　25g
- きび砂糖　45g
- ベーキングパウダー　小さじ½
- 塩　ひとつまみ

B
- 植物油　25g
- 豆乳　25g

下準備
- オーブンを170℃に温める。

作り方

❶ ポリ袋にAを入れ、袋の口をねじってしっかりと閉じ、よく振ってふるい合わせる。

❷ Bをよく混ぜて加え、袋の口をねじってしっかりと閉じ、大小のかたまりがゴロゴロとできるくらいまでよく振り混ぜる（a）。

❸ 袋の上から生地をざっとまとめ、ハサミで袋を切り開き（b）、生地を「2つ折りにしてのす」ことを5〜6回繰り返してまとめる（c）。

❹ オーブンシートにのせ、約9×15cmのだ円形に形作る。

❺ オーブンシートごと天板にのせ（d）、170℃のオーブンで20分ほど焼く。オーブンから出してケーキクーラーに取り、粗熱が取れたら8mm〜1cm幅に切り分ける（e）（波刃のナイフが切りやすい）。

❻ 断面を上にして天板に並べ（f）、150℃のオーブンで20分ほど焼く。

a

b

c

d

e

f

オイルで作るビスコッティ ❷
オレンジピール×アーモンド

細かく刻んで全体にちらばったオレンジピールの風味が清々しいビスコッティ。
コリッとしたアーモンドのリズミカルな歯触りも美味。ヘーゼルナッツを合わせるのもおすすめ。

材料（約20枚分）

A	薄力粉　90g ホールアーモンド　50g きび砂糖　40g ベーキングパウダー　小さじ½ 塩　ひとつまみ
B	植物油　25g 牛乳　25g
	オレンジピール　30g

下準備
- アーモンドはポリ袋に入れ、めん棒で叩いて細かく砕く。
- オレンジピールは細かく刻む。
- オーブンを170℃に温める。

作り方
❶ アーモンドを砕いたものとは別のポリ袋にAを入れ、袋の口をねじってしっかりと閉じ、よく振ってふるい合わせる。
❷ よく混ぜ合わせたB、オレンジピールを加え、袋の口をねじってしっかりと閉じ、大小のかたまりがゴロゴロとできるくらいまでよく振り混ぜる。
❸ 袋の上から生地をざっとまとめ、ハサミで袋を切り開き、生地を「2つ折りにしてのす」ことを5〜6回繰り返してまとめる。
❹ オーブンシートにのせ、約7×18cmのだ円形に形作る。
❺ オーブンシートごと天板にのせ、170℃のオーブンで20分ほど焼く。オーブンから出してケーキクーラーに取り、粗熱が取れたら8mm〜1cm幅に切り分ける（波刃のナイフが切りやすい）。
❻ 断面を上にして天板に並べ、150℃のオーブンで20分ほど焼く。

オイルで作るビスコッティ ❸
ほうじ茶×マカダミアナッツ

ほっと落ち着く和風のビスコッティ。リラックス効果を感じるような、心地よく香ばしいほうじ茶ならではの焙煎香に、まろやかで甘みのあるマカダミアナッツがよくなじみます。

材料（約16枚分）

A
- 薄力粉　85g
- ほうじ茶の葉　5g
- マカダミアナッツ　50g
- きび砂糖　45g
- ベーキングパウダー　小さじ½
- 塩　ひとつまみ

B
- 植物油　25g
- 牛乳　25g

下準備
- ほうじ茶の葉はすり鉢で細かくする。（ティーバッグの場合、ラップで挟み、めん棒を転がしながら押しつぶすとさらに細かくなる。）
- マカダミアナッツはポリ袋に入れ、めん棒で叩いて粗く砕く。
- オーブンを170℃に温める。

作り方

❶ マカダミアナッツを砕いたものとは別のポリ袋にAを入れ、袋の口をねじってしっかりと閉じ、よく振ってふるい合わせる。

❷ よく混ぜ合わせたBを加え、袋の口をねじってしっかりと閉じ、大小のかたまりがゴロゴロとできるくらいまでよく振り混ぜる。

❸ 袋の上から生地をざっとまとめ、ハサミで袋を切り開き、生地を「2つ折りにしてのす」ことを5～6回繰り返してまとめる。

❹ オーブンシートにのせ、約10×16cmのだ円形に形作る。

❺ オーブンシートごと天板にのせ、170℃のオーブンで20分ほど焼く。オーブンから出してケーキクーラーに取り、粗熱が取れたら8mm～1cm幅に切り分ける（波刃のナイフが切りやすい）。

❻ 断面を上にして天板に並べ、150℃のオーブンで20分ほど焼く。

バターで作るビスコッティ

しっかりと焼き上げるビスコッティは日持ちするので、作り置きおやつにぴったり。
小腹が空いた時にポリポリつまんだり、おもてなしのお茶菓子としてコーヒーに1〜2枚添えて
お出ししても喜ばれます。バターのおかげでコクと風味がアップしたビスコッティ、贈り物にもどうぞ。

バターで作るビスコッティ ❶
ココナッツ

トロピカルな甘い香りとザクザクの食感がたまらない、ココナッツのビスコッティ。
細くて短い紐状にカットされたココナッツロングがなければ、細かなココナッツファインでも大丈夫です。

材料(約15枚分)

A
- 薄力粉　90g
- ココナッツロング　25g
- きび砂糖　45g
- ベーキングパウダー　小さじ½
- 塩　ひとつまみ

バター　30g
牛乳　25g

下準備
- バターを電子レンジで溶かす。
- オーブンを170℃に温める。

作り方

❶ ポリ袋にAを入れ(a)、袋の口をねじってしっかりと閉じ、よく振ってふるい合わせる。

❷ 溶かしたバターを加え、袋の口をねじってしっかりと閉じ、よく振り混ぜる。粉気の残るそぼろ状になれば、牛乳を加え(b)、袋の口をねじってしっかりと閉じ、よく振り混ぜる(c)。

❸ ひとまとまりになれば、ハサミで袋を切り開き、生地を「2つ折りにしてのす」(d)ことを5〜6回繰り返してまとめる。

❹ オーブンシートにのせ、約9×15cmのだ円形に形作る(e)。

❺ オーブンシートごと天板にのせ、170℃のオーブンで20分ほど焼く。オーブンから出してケーキクーラーに取り、粗熱が取れたら8mm〜1cm幅に切り分ける(f)（波刃のナイフが切りやすい）。

❻ 断面を上にして天板に並べ、150℃のオーブンで20分ほど焼く。

b

c

a

f

d

e

バターで作るビスコッティ ❷
カシューナッツ

お料理の素材やおつまみとしてもおなじみのカシューナッツは、空焼きしてから使うと
甘さと香ばしさが数段上がります。160℃のオーブンで10分程度、時間があればお試しを。

材料（約15枚分）

A
- 薄力粉　90g
- カシューナッツ　60g
- きび砂糖　45g
- ベーキングパウダー　小さじ½
- 塩　ひとつまみ

- バター　30g
- 牛乳　25g

下準備
- バターを電子レンジで溶かす。
- カシューナッツはポリ袋に入れ、めん棒で叩いて細かく砕く。
- オーブンを170℃に温める。

作り方

❶ カシューナッツを砕いたものとは別のポリ袋にAを入れ、袋の口をねじってしっかりと閉じ、よく振ってふるい合わせる。

❷ 溶かしたバターを加え、袋の口をねじってしっかりと閉じ、よく振り混ぜる。粉気の残るそぼろ状になれば、牛乳を加え、袋の口をねじってしっかりと閉じ、よく振り混ぜる。

❸ ひとまとまりになれば、ハサミで袋を切り開き、生地を「2つ折りにしてのす」ことを5〜6回繰り返してまとめる。

❹ オーブンシートにのせ、約11×15cmのだ円形に形作る。

❺ オーブンシートごと天板にのせ、170℃のオーブンで20分ほど焼く。オーブンから出してケーキクーラーに取り、粗熱が取れたら8mm〜1cm幅に切り分ける（波刃のナイフが切りやすい）。

❻ 断面を上にして天板に並べ、150℃のオーブンで20分ほど焼く。

バターで作るビスコッティ ❸
コーヒー×ピーカンナッツ

くるみと似たような味わいでありながら、渋みがなくマイルドで食べやすいピーカンナッツに
ほんのりとした苦みを含む顆粒のインスタントコーヒーを合わせ、大人っぽいテイストに仕上げました。

材料（約18枚分）

A
- 薄力粉　90g
- インスタントコーヒー（顆粒）　小さじ2
- ピーカンナッツ　60g
- きび砂糖　45g
- ベーキングパウダー　小さじ½
- 塩　ひとつまみ

- バター　30g
- 牛乳　25g

下準備
- バターを電子レンジで溶かす。
- ピーカンナッツはポリ袋に入れ、めん棒で叩いて粗く砕く。
- オーブンを170℃に温める。

作り方

❶ ピーカンナッツを砕いたものとは別のポリ袋にAを入れ、袋の口をねじってしっかりと閉じ、よく振ってふるい合わせる。

❷ 溶かしたバターを加え、袋の口をねじってしっかりと閉じ、よく振り混ぜる。粉気の残るそぼろ状になれば、牛乳を加え、袋の口をねじってしっかりと閉じ、よく振り混ぜる。

❸ ひとまとまりになれば、ハサミで袋を切り開き、生地を「2つ折りにしてのす」ことを5〜6回繰り返してまとめる。

❹ オーブンシートにのせ、約8×18cmのだ円形に形作る。

❺ オーブンシートごと天板にのせ、170℃のオーブンで20分ほど焼く。オーブンから出してケーキクーラーに取り、粗熱が取れたら8mm〜1cm幅に切り分ける（波刃のナイフが切りやすい）。

❻ 断面を上にして天板に並べ、150℃のオーブンで20分ほど焼く。

ノンオイルビスコッティ

粉類とナッツをシンプルに卵だけでまとめるから作りやすく、ほっくりとした穏やかな味わい。
ノンオイルでも食べやすい、ほどよい固さのビスコッティです。チョコレートともよく合う生地なので、
余力があれば、溶かしたコーティング用のチョコレートをかけて仕上げてもおいしくいただけます。

ノンオイルビスコッティ ❶
ココア×ヘーゼルナッツ

ダマになりやすいココアパウダーは、茶漉しを通すひと手間が質のよい焼き上がりにつながります。
ポリ袋で作る簡単なお菓子作りだけど、かけるべき小さな手間は省かず丁寧に。

材料（約18枚分）

A
- 薄力粉　70g
- ココアパウダー　20g
- アーモンドパウダー　30g
- きび砂糖　50g
- ベーキングパウダー　小さじ1/2
- 塩　ひとつまみ
- ヘーゼルナッツ　50g

卵　1個分

下準備
- ヘーゼルナッツはポリ袋に入れ、めん棒で叩いて粗く砕く（a）。
- オーブンを170℃に温める。

作り方

❶ ヘーゼルナッツを砕いたものとは別のポリ袋にAを入れ（ココアパウダーは茶漉しを通す）（b）、袋の口をねじってしっかりと閉じ、よく振ってふるい合わせる。

❷ 溶いた卵を加え、袋の口をねじってしっかりと閉じ、よく振り混ぜる（c）（時々袋の外から生地を軽く握りながら振るとよい）。

❸ ひとまとまりになれば、ハサミで袋を切り開き、生地を「2つ折りにしてのす」ことを5〜6回繰り返してまとめる。

❹ オーブンシートにのせ、手に少し水をつけて約10×16cmのだ円形に形作る（d）。

❺ オーブンシートごと天板にのせ、170℃のオーブンで20分ほど焼く。オーブンから出してケーキクーラーに取り、粗熱が取れたら8mm〜1cm幅に切り分ける（e）（波刃のナイフが切りやすい）。

❻ 断面を上にして天板に並べ（f）、150℃のオーブンで20分ほど焼く。

a

b

c

d

e

f

ノンオイルビスコッティ ❷
いちじく×くるみ

ねっとり濃密な甘みとプチプチ食感の虜になる人も多い、ドライいちじくとくるみのビスコッティ。
このお菓子には、ストレートで淹れた熱い紅茶がことのほかよく合う気がします。

材料(約18枚分)

A
- 薄力粉　90g
- アーモンドパウダー　30g
- きび砂糖　45g
- ベーキングパウダー　小さじ½
- 塩　ひとつまみ
- くるみ　50g

- いちじく(ドライ)　30g
- 卵　1個分

下準備
- くるみはポリ袋に入れ、めん棒で叩いて粗く砕く。
- いちじくは細かく刻む。
- オーブンを170℃に温める。

作り方
❶ くるみを砕いたものとは別のポリ袋にAを入れ、袋の口をねじってしっかりと閉じ、よく振ってふるい合わせる。

❷ いちじくと溶いた卵を加え、袋の口をねじってしっかりと閉じ、よく振り混ぜる。

❸ ひとまとまりになれば、ハサミで袋を切り開き、生地を「2つ折りにしてのす」ことを5～6回繰り返してまとめる。

❹ オーブンシートにのせ、手に少し水をつけて約10×16cmのだ円形に形作る。

❺ オーブンシートごと天板にのせ、170℃のオーブンで20分ほど焼く。オーブンから出してケーキクーラーに取り、粗熱が取れたら8mm～1cm幅に切り分ける(波刃のナイフが切りやすい)。

❻ 断面を上にして天板に並べ、150℃のオーブンで20分ほど焼く。

ノンオイルビスコッティ ❸
アプリコット×松の実

ビタミンオレンジが鮮やかなドライアプリコットと、薬膳にも用いられることの多いヘルシーフードである松の実。目にも体にも元気になれそうな素材を組み合わせたビスコッティです。

材料（約18枚分）

A
- 薄力粉　90g
- アーモンドパウダー　30g
- きび砂糖　45g
- ベーキングパウダー　小さじ½
- 塩　ひとつまみ
- 松の実　30g

- アプリコット（ドライ）　30g
- 卵　1個分

下準備
- ドライアプリコットは細かく刻む。
- オーブンを170℃に温める。

作り方
❶ ポリ袋にAを入れ、袋の口をねじってしっかりと閉じ、よく振ってふるい合わせる。
❷ アプリコットと溶いた卵を加え、袋の口をねじってしっかりと閉じ、よく振り混ぜる。
❸ ひとまとまりになれば、ハサミで袋を切り開き、生地を「2つ折りにしてのす」ことを5〜6回繰り返してまとめる。
❹ オーブンシートにのせ、手に少し水をつけて約7×16cmのだ円形に形作る。
❺ オーブンシートごと天板にのせ、170℃のオーブンで20分ほど焼く。オーブンから出してケーキクーラーに取り、粗熱が取れたら8mm〜1cm幅に切り分ける（波刃のナイフが切りやすい）。
❻ 断面を上にして天板に並べ、150℃のオーブンで20分ほど焼く。

コラム① ＋ アイシングでおめかしアレンジ

焼きっぱなしの素朴さが魅力の焼き菓子たちも、小さなお化粧ひとつでまた違ったおいしそうな顔を見せてくれます。
粉砂糖と水分をただ混ぜるだけで作れる7つのアイシング、
いろんなお菓子と組み合わせて、表情や味わいの変化を楽しんでみてください。

作り方のコツ
小さな容器に粉砂糖を入れ、水分を加えます。スプーンなどでなめらかになるまでよく混ぜたらでき上がり。
お菓子にかける時、かたければ水分を1～2滴ずつ様子を見ながら加え、
ゆるければ粉砂糖を少しずつ足して、調整すればOKです。乾くと固まってくるので作り置かず、使う直前に作りましょう。
なお、粉砂糖は溶けにくいトッピング用ではなく、普通のタイプを使用します。

---

1 アメリカンクッキー（プレーン） ＋ レモンアイシング ＝

材料と作り方
（作りやすい分量）
粉砂糖30gに
レモン果汁小さじ1を加え、
とろりとした状態に混ぜる。
冷めたお菓子にかけて
そのまま乾かす。

2 アメリカンクッキー（くるみ） ＋ コーヒーアイシング ＝

材料と作り方
（作りやすい分量）
粉砂糖30g、
インスタントコーヒー（顆粒）
小さじ1に、牛乳小さじ1を加え、
とろりとした状態に混ぜる。
冷めたお菓子にかけて
そのまま乾かす。

3 ショートブレッド（抹茶） ＋ 練乳アイシング ＝

材料と作り方
（作りやすい分量）
粉砂糖30gに
加糖練乳20gを加え、
とろりとした状態に混ぜる。
冷めたお菓子にかけて
そのまま乾かす。

4 クリーム
スコーン
（紅茶）
+  =

材料と作り方
（作りやすい分量）
粉砂糖30gに
いちごジャム15gを加え、
とろりとした状態に混ぜる。
冷めたお菓子にかけて
そのまま乾かす。

5 オイル
スコーン
（プレーン）
+  =

材料と作り方
（作りやすい分量）
粉砂糖30gに
メープルシロップ20gを加え、
とろりとした状態に混ぜる。
冷めたお菓子にかけて
そのまま乾かす。

6 ノンオイル
ビスコッティ
（いちじく×くるみ）
+  =

材料と作り方
（作りやすい分量）
粉砂糖30gに
ラム酒大さじ½を加え、
とろりとした状態に混ぜる。
冷めたお菓子にかけて
そのまま乾かす。

7 ノンオイル
ビスコッティ
（アプリコット×松の実）
+ =

材料と作り方
（作りやすい分量）
粉砂糖30gに
オレンジマーマレード15gを加え、
とろりとした状態に混ぜる。
冷めたお菓子にかけて
そのまま乾かす。

{ ケーキ }

はちみつケーキ

「ポリ袋でおいしいケーキが作れます」と言うと驚かれる方が多いのですが、本当なんですよ。
まずは、はちみつとバターの幸せな香りに満ちた、シンプルで滋味深い3つのレシピから。
一度作ってみて、食べてみてもらえると、ポリ袋の実力を実感していただけることと思います。

はちみつケーキ〈バター〉❶
プレーン

コクのあるやさしい甘みがふんわり広がる生地。はちみつ効果でしっとり色よく焼き上がります。
どことなくカステラを思わせるようなノスタルジックなケーキ、お好みの種類のはちみつでどうぞ。

材料（18×8×8cmのパウンド型1台分）

A
- 薄力粉　80g
- アーモンドパウダー　40g
- きび砂糖　40g
- 塩　少々
- ベーキングパウダー　小さじ1

B
- バター　80g
- はちみつ　25g

- 卵　1個
- 牛乳　30g

下準備
- 卵は室温に戻す。
- Bを合わせて電子レンジで溶かす。
- 型にオーブンシートを敷く。
- オーブンを170℃に温める。

作り方

❶ ポリ袋にAを入れ、袋の口をねじってしっかりと閉じ、よく振ってふるい合わせる（a）。

❷ Bを加え、続けて卵と牛乳をよく混ぜて加える（b）。

❸ 袋の口をねじってしっかりと閉じ、振り混ぜて（c）材料をなじませた後、袋の外から生地を揉み混ぜて（60回程度）（d）、まんべんなくなめらかな状態にする。

❹ 袋の隅をハサミで切って生地を型に入れ（e）、菜箸で全体に行き渡らせてならし（f）、170℃のオーブンで30分ほど焼く。

a

b

c

d

e

f

はちみつケーキ〈バター〉❷
ジンジャー

ちょっぴりスパイシーなしょうがのケーキです。しょうがは皮ごとすりおろして焼き込みました。
クセのないレンゲやアカシアのはちみつで作るのがお気に入り。トッピングはごまも合います。

材料（18×8×8cmのパウンド型1台分）

A
- 薄力粉　85g
- アーモンドパウダー　30g
- きび砂糖　45g
- 塩　少々
- ベーキングパウダー　小さじ1

B
- バター　80g
- はちみつ　25g

- 卵　1個
- ヨーグルト　20g
- しょうがのすりおろし　30g

- トッピング用のブルーポピーシード　適量（あれば）

下準備
- 卵は室温に戻す。
- Bを合わせて電子レンジで溶かす。
- 型にオーブンシートを敷く。
- オーブンを170℃に温める。

作り方
❶ ポリ袋にAを入れ、袋の口をねじってしっかりと閉じ、よく振ってふるい合わせる。
❷ Bを加え、続けて卵とヨーグルトをよく混ぜて加える。しょうがも加える。
❸ 袋の口をねじってしっかりと閉じ、振り混ぜて材料をなじませた後、袋の外から生地を揉み混ぜて（60回程度）、まんべんなくなめらかな状態にする。
❹ 袋の隅をハサミで切って生地を型に入れ、菜箸で全体に行き渡らせてならす。ブルーポピーシードをふり、170℃のオーブンで30分ほど焼く。

はちみつケーキ〈バター〉❸
メープル×アーモンド

きび砂糖に、はちみつとメープルシロップの合わせ技。重なる3種類の甘みが味わいを深くします。
表面にちらしたスライスアーモンドもポイント。香ばしく焼けた軽快な歯触りがよいアクセントに。

材料(直径15cmの丸型1台分)

A
- 薄力粉　80g
- アーモンドパウダー　30g
- きび砂糖　40g
- 塩　少々
- ベーキングパウダー　小さじ1

B
- バター　70g
- はちみつ　15g
- メープルシロップ　10g

- 卵　1個
- ヨーグルト　20g
- 牛乳　20g

トッピング用のアーモンドスライス　適量

下準備
- 卵は室温に戻す。
- Bを合わせて電子レンジで溶かす。
- 型にオーブンシートを敷く。
- オーブンを170℃に温める。

作り方
❶ ポリ袋にAを入れ、袋の口をねじってしっかりと閉じ、よく振ってふるい合わせる。
❷ Bを加え、続けて卵、ヨーグルト、牛乳をよく混ぜて加える。
❸ 袋の口をねじってしっかりと閉じ、振り混ぜて材料をなじませた後、袋の外から生地を揉み混ぜて(60回程度)、まんべんなくなめらかな状態にする。
❹ 袋の隅をハサミで切って生地を型に入れ、菜箸で全体に行き渡らせてならす。アーモンドスライスをちらし、170℃のオーブンで30分ほど焼く。

ヨーグルトケーキ

ヨーグルトをたっぷりと使って作る生地は、しっとりなめらかで、さっぱり軽やか。
季節を問わず一年中作りたくなるような、様々なおいしい要素が詰まっています。
どんな素材とも相性がよいので、簡単なアレンジも合わせてご紹介しますね。

ヨーグルトケーキ〈バター〉❶
ブルーベリージャム

型に生地を入れたらブルーベリージャムをのせ、菜箸で混ぜてマーブル模様を作ります。
いちご、マンゴー、アプリコットなど、どんなジャムでもOK。お好みのジャム、冷蔵庫にあるジャムで。

材料（直径15cmの丸型1台分）

A
- 薄力粉　80g
- アーモンドパウダー　30g
- きび砂糖　65g
- 塩　少々
- ベーキングパウダー　小さじ1

- バター　70g
- 卵　1個
- ヨーグルト　65g

- ブルーベリージャム　60gほど

下準備
- 卵は室温に戻す。
- バターを電子レンジで溶かす。
- 型にオーブンシートを敷く。
- オーブンを170℃に温める。

作り方

❶ ポリ袋にAを入れ、袋の口をねじってしっかりと閉じ、よく振ってふるい合わせる。

❷ バターを加え（a）、続けて卵とヨーグルトをよく混ぜて加える（b）。

❸ 袋の口をねじってしっかりと閉じ、振り混ぜて材料をなじませた後、袋の外から生地を揉み混ぜて（c）（60回程度）、まんべんなくなめらかな状態にする。

❹ 袋の隅をハサミで切って（d）生地を型に入れ（e）、ブルーベリージャムをところどころにのせる（f）。菜箸でぐるぐるっとマーブル状に混ぜ（g）、170℃のオーブンで35分ほど焼く。

a

b

c

d

e

f

g

ヨーグルトケーキ〈バター〉❷
ゆず

焼き上がったら果汁を熱いうちに染み込ませます。あればハケで、なければスプーンで大丈夫。
青ゆずの代わりに黄ゆずでもいいし、すだちやかぼす、レモンなど、季節の柑橘で作りましょう。

材料（18×8×8cmのパウンド型1台分）

A
- 薄力粉　90g
- アーモンドパウダー　20g
- きび砂糖　75g
- 塩　少々
- ベーキングパウダー　小さじ1

- バター　70g
- 卵　1個
- ヨーグルト　65g
- 青ゆずの皮のすりおろし　1〜2個分

- 青ゆずの果汁　1〜2個分

下準備
- 卵は室温に戻す。
- バターを電子レンジで溶かす。
- 型にオーブンシートを敷く。
- オーブンを170℃に温める。

作り方

❶ ポリ袋にAを入れ、袋の口をねじってしっかりと閉じ、よく振ってふるい合わせる。

❷ バターを加え、続けて卵とヨーグルトをよく混ぜて加える。青ゆずの皮も加える。

❸ 袋の口をねじってしっかりと閉じ、振り混ぜて材料をなじませた後、袋の外から生地を揉み混ぜて（60回程度）、まんべんなくなめらかな状態にする。

❹ 袋の隅をハサミで切って生地を型に入れ、菜箸で全体に行きわたらせてならし、170℃のオーブンで30分ほど焼く。オーブンから出してすぐ、青ゆずの果汁を表面に染み込ませる。

ヨーグルトケーキ〈バター〉❸
白桃×ラズベリー

上品な甘みの白桃に酸味の効いたラズベリーをちらして。白桃は缶詰、ラズベリーは冷凍のものを使うので、いつでも気軽に作れます。ベリーはいちごやブルーベリーでもいいし、ドライベリーでももちろんおいしい。

ケーキ

材料（直径15cmの丸型1台分）

A
- 薄力粉　100g
- きび砂糖　70g
- 塩　少々
- ベーキングパウダー　小さじ1

- バター　70g
- 卵　1個
- ヨーグルト　65g

- 白桃（缶詰）　半割のもの2切れ
- ラズベリー（冷凍）　50gほど

下準備
- 卵は室温に戻す。
- バターを電子レンジで溶かす。
- 白桃は大きめの一口大に切ってキッチンペーパーにのせ、汁気を切る。
- 型にオーブンシートを敷く。
- オーブンを170℃に温める。

作り方

❶ ポリ袋にAを入れ、袋の口をねじってしっかりと閉じ、よく振ってふるい合わせる。

❷ バターを加え、続けて卵とヨーグルトをよく混ぜて加える。

❸ 袋の口をねじってしっかりと閉じ、振り混ぜて材料をなじませた後、袋の外から生地を揉み混ぜて（60回程度）、まんべんなくなめらかな状態にする。

❹ 袋の隅をハサミで切って生地を型に入れ、菜箸で全体に行き渡らせてならす。白桃をところどころに挿し込み、ラズベリーをのせ、170℃のオーブンで35分ほど焼く。

バナナケーキ

ボウルで作る場合、バナナはフォークでつぶしてから加えるのが一般的ですが、
ポリ袋ならダイレクトにちぎって加え、手でつぶしながら揉み混ぜるだけでおいしい生地ができ上がります。
おやつにも朝ごはんにもなる身近で素朴なバナナケーキ、オイルで気軽に作りましょう。

バナナケーキ〈オイル〉❶
プレーン

基本となるプレーンなレシピです。シンプルな材料とプロセスなのに、意外なほどに軽くてしっとり。
シュガースポットと呼ばれる黒点が皮に現れたら甘く熟したサイン。逃がさずケーキに焼き込んで。

材料（18×8×8cmのパウンド型1台分）

A
- 薄力粉　100g
- きび砂糖　65g
- 塩　少々
- ベーキングパウダー　小さじ1

- 植物油　65g
- 卵　1個
- ヨーグルト　20g

- バナナ　1本（正味90gほど）

下準備
- 卵は室温に戻す。
- 型にオーブンシートを敷く。
- オーブンを170℃に温める。

作り方

❶ ポリ袋にAを入れ、袋の口をねじってしっかりと閉じ、よく振ってふるい合わせる。

❷ 植物油、卵、ヨーグルトを合わせ、よく混ぜて加える（a）。

❸ 袋の口をねじってしっかりと閉じ、振り混ぜて（b）材料をなじませる。バナナをちぎって加え（c）、袋の口をねじってしっかりと閉じ、袋の外からバナナをつぶしながら生地を揉み混ぜて（d）（60回程度）、まんべんなくなめらかな状態にする。

❹ 袋の隅をハサミで切って生地を型に入れ（e）、菜箸で全体に行き渡らせてならし（f）、170℃のオーブンで35分ほど焼く。

a

b

c

d

e

f

バナナケーキ〈オイル〉❷
黒糖

プレーンのきび砂糖の一部を黒糖に替え、アーモンドパウダーを加えると、味わいにぐっと深みが出ます。さらに洗練された印象に仕上げるなら、焼き上がりの熱いうちに、表面にラム酒を塗ってみて。

材料（直径15cmの丸型1台分）

A
- 薄力粉　80g
- アーモンドパウダー　30g
- きび砂糖　20g
- 黒糖（粉末）　40g
- 塩　少々
- ベーキングパウダー　小さじ1

- 植物油　65g
- 卵　1個
- ヨーグルト　20g

バナナ　1本（正味90gほど）

下準備
- 卵は室温に戻す。
- 型にオーブンシートを敷く。
- オーブンを170℃に温める。

作り方

❶ ポリ袋にAを入れ、袋の口をねじってしっかりと閉じ、よく振ってふるい合わせる。

❷ 植物油、卵、ヨーグルトを合わせ、よく混ぜて加える。

❸ 袋の口をねじってしっかりと閉じ、振り混ぜて材料をなじませる。バナナをちぎって加え、袋の口をねじってしっかりと閉じ、袋の外からバナナをつぶしながら生地を揉み混ぜて（60回程度）、まんべんなくなめらかな状態にする。

❹ 袋の隅をハサミで切って生地を型に入れ、菜箸で全体に行き渡らせてならし、170℃のオーブンで35分ほど焼く。

バナナケーキ〈オイル〉❸
くるみ

型に生地を入れたら、くるみをちらしてきび砂糖をふります。グラニュー糖でも可、たっぷりが美味。
焼くと、生地が盛り上がってひび割れ、くるみが側面に流れるのですが、それもまたおいしい表情。

材料(18×8×8cmのパウンド型1台分)

A
- 薄力粉　100g
- きび砂糖　60g
- 塩　少々
- ベーキングパウダー　小さじ1

- 植物油　65g
- 卵　1個
- ヨーグルト　20g

- バナナ　1本(正味90gほど)

- トッピング用のくるみ　40gほど
- きび砂糖　適量

下準備
- 卵は室温に戻す。
- くるみはポリ袋に入れ、めん棒で叩いて粗く砕く。
- 型にオーブンシートを敷く。
- オーブンを170℃に温める。

作り方

❶ くるみを砕いたものとは別のポリ袋にAを入れ、袋の口をねじってしっかりと閉じ、よく振ってふるい合わせる。

❷ 植物油、卵、ヨーグルトを合わせ、よく混ぜて加える。

❸ 袋の口をねじってしっかりと閉じ、振り混ぜて材料をなじませる。バナナをちぎって加え、袋の口をねじってしっかりと閉じ、袋の外からバナナをつぶしながら生地を揉み混ぜて(60回程度)、まんべんなくなめらかな状態にする。

❹ 袋の隅をハサミで切って生地を型に入れ、菜箸で全体に行き渡らせてならす。くるみをちらし、指で軽く押さえて落ち着かせ、きび砂糖をふって、170℃のオーブンで35分ほど焼く。

ココアケーキ

カカオの風味溢れる軽やかなチョコレートケーキの趣を手軽に楽しめるココアケーキ。
オイルで作るライトな生地感に、アメリカのチョコレートケーキミックスを思い出します。
植物油、卵、ヨーグルト、牛乳は大きめのカップを使い、一度に混ぜて加えてもOKです。

ココアケーキ〈オイル〉❶
チョコレート

生地の中にもトッピングにもチョコレートをふんだんに使うので、ビターなタイプがおすすめ。
時にはこんな悪魔的おいしさのお菓子を焼いて、周りを、自分を、甘やかしてあげましょう。

材料（直径15cmの丸型1台分）

A
- 薄力粉　70g
- ココアパウダー　15g
- アーモンドパウダー　25g
- きび砂糖　65g
- 塩　少々
- ベーキングパウダー　小さじ1

- 植物油　60g
- 卵　1個
- ヨーグルト　40g
- 牛乳　40g
- 板チョコレート　2枚（100g）

下準備
- 卵は室温に戻す。
- 板チョコレート1枚は細かく刻み（a）、冷蔵庫へ入れておく。
- 型にオーブンシートを敷く。
- オーブンを170℃に温める。

作り方

❶ ポリ袋にAを入れ（ココアパウダーは茶漉しを通す）（b）、袋の口をねじってしっかりと閉じ、よく振ってふるい合わせる。

❷ 植物油と卵をよく混ぜて加え、続けてヨーグルトと牛乳もよく混ぜて加える（c）。

❸ 袋の口をねじってしっかりと閉じ、振り混ぜて材料をなじませた後、袋の外から生地を揉み混ぜて（d）（60回程度）、まんべんなくなめらかな状態にする。

❹ 袋の隅をハサミで切って生地を型に入れ（e）、刻んだチョコレートをのせる。菜箸でぐるぐるっと混ぜ込みながら全体に行き渡らせて（f）、もう1枚の板チョコレートをラフに割ってちらす（g）。170℃のオーブンで35～40分焼く。

ココアケーキ〈オイル〉❷
クリームチーズ

チーズクリームがほんわりマーブル状に残るこんなお菓子も、ポリ袋で簡単に作れます。
薄く切って濃いめのコーヒーと一緒に。厚く切ってグラスにたっぷりの牛乳を添えて。お好みのスタイルで。

材料（18×8×8cmのパウンド型1台分）

A
- 薄力粉　65g
- ココアパウダー　15g
- アーモンドパウダー　30g
- きび砂糖　70g
- 塩　少々
- ベーキングパウダー　小さじ1

- 植物油　65g
- 卵　1個
- ヨーグルト　40g
- 牛乳　25g

B
- クリームチーズ　90g
- きび砂糖　20g
- 牛乳　大さじ½

下準備
- 卵とクリームチーズは室温に戻す。
- 型にオーブンシートを敷く。
- オーブンを170℃に温める。

作り方

❶ ポリ袋にBを入れ、袋の外側からなめらかに揉み混ぜ、チーズクリームを作る。

❷ ①とは別のポリ袋にAを入れ（ココアパウダーは茶漉しを通す）、袋の口をねじってしっかりと閉じ、よく振ってふるい合わせる。

❸ 植物油と卵をよく混ぜて加え、続けてヨーグルトと牛乳もよく混ぜて加える。

❹ 袋の口をねじってしっかりと閉じ、振り混ぜて材料をなじませた後、袋の外から生地を揉み混ぜて（60回程度）、まんべんなくなめらかな状態にする。

❺ 袋の隅をハサミで切って生地を型に入れ、①の袋の隅をハサミで切って絞り入れる。菜箸でぐるぐるっと混ぜ込みながら全体に行き渡らせて、170℃のオーブンで40～45分焼く。

ココアケーキ〈オイル〉❸
ラムレーズン×ビスケット

ラムレーズンを混ぜ込んだ生地の上に、市販のビスケットを賑やかにトッピングして焼きました。
バニラクリームサンドのココアクッキーやシナモンビスケットなど何でもOK、お好きなものを自由にのせて。

材料（直径15cmの丸型1台分）

A
- 薄力粉　65g
- ココアパウダー　15g
- アーモンドパウダー　30g
- きび砂糖　70g
- 塩　少々
- ベーキングパウダー　小さじ1

- 植物油　65g
- 卵　1個
- ヨーグルト　40g
- 牛乳　30g

- ラムレーズン（市販）　80g
- バニラクリームサンドビスケット
  （市販）　4〜5枚
  ★ここではマクビティビスケットを使用

下準備
- 卵は室温に戻す。
- 型にオーブンシートを敷く。
- オーブンを170℃に温める。

作り方

❶ ポリ袋にAを入れ（ココアパウダーは茶漉しを通す）、袋の口をねじってしっかりと閉じ、よく振ってふるい合わせる。

❷ 植物油と卵をよく混ぜて加え、続けてヨーグルトと牛乳もよく混ぜて加える。

❸ 袋の口をねじってしっかりと閉じ、振り混ぜて材料をなじませた後、袋の外から生地を揉み混ぜて（60回程度）、まんべんなくなめらかな状態にする。

❹ 袋の隅をハサミで切って生地を型に入れ、ラムレーズンをのせる。菜箸でぐるぐるっと混ぜ込みながら全体に行き渡らせ、ビスケットをラフに割ってちらす。170℃のオーブンで40分ほど焼く。

[ソーダブレッド]

オイルで作るソーダブレッド

ソーダブレッドとはいわゆるクイックブレッドの一種で、重曹で膨らませるアイルランド生まれのお菓子。田舎風のパンのような見た目だけど、わたしのレシピでは軽くてふんわり。オイルを控えて大きく焼いたスコーンのイメージに近いかなと思います。身近なベーキングパウダーであっという間にできますよ。

オイルで作るソーダブレッド ❶
プレーン

粉類に油分水分を加え、ポリ袋を振り混ぜるだけで生地作りが完成します。難しい手順は一切なく、驚くほど簡単。焼きたてがとにかくおいしいソーダブレッド、パンのない朝にぜひ挑戦を。

材料（1個分）

A
- 薄力粉　100g
- きび砂糖　10g
- ベーキングパウダー　小さじ1
- 塩　ふたつまみ

B
- 植物油　15g
- 牛乳　40g
- ヨーグルト　40g

トッピング用の薄力粉　適量

下準備
- オーブンを200℃に温める。

作り方

❶ ポリ袋にAを入れ、袋の口をねじってしっかりと閉じ、よく振ってふるい合わせる。

❷ よく混ぜ合わせたBを①に加える(a)。袋の口をねじってしっかりと閉じ、ほぼひとまとまりになるまで振り混ぜる(b)。

❸ 袋の隅をハサミで大きく切り、生地をオーブンシートに絞り出すようにして落とす(c)。

❹ 手に少し水をつけて手早く丸く形作り(d)、茶漉しで薄力粉をふって(e)、軽くぬらした包丁で底まで十字に切り込みを入れる(f)。

❺ オーブンシートごと天板にのせ、200℃のオーブンで20分ほど焼く。

a

b　　　　　c

d　　　　　e

f

オイルで作るソーダブレッド ❷
チーズ

小さなダイス状にカットしたチーズがたっぷり。焼きたてのとろりととろけ出た部分も美味な、ワインにもよく合うソーダブレッドです。もしあれば、チェダーやゴーダなどのナチュラルチーズで。

材料（1個分）

A
- 薄力粉　100g
- きび砂糖　10g
- ベーキングパウダー　小さじ1
- 塩　小さじ¼

B
- 植物油　15g
- 牛乳　40g
- ヨーグルト　40g

プロセスチーズ　80gほど

トッピング用の薄力粉　適量

下準備
- チーズは小さな角切りにする。
- オーブンを200℃に温める。

作り方

❶ ポリ袋にAを入れ、袋の口をねじってしっかりと閉じ、よく振ってふるい合わせる。

❷ よく混ぜ合わせたB、チーズを①に加える。袋の口をねじってしっかりと閉じ、ほぼひとまとまりになるまで振り混ぜる。

❸ 袋の隅をハサミで大きく切り、生地をオーブンシートに絞り出すようにして落とす。

❹ 手に少し水をつけて手早く丸く形作り、茶漉しで薄力粉をふって、軽くぬらした包丁で底まで十字に切り込みを入れる。

❺ オーブンシートごと天板にのせ、200℃のオーブンで20分ほど焼く。

オイルで作るソーダブレッド ❸
グリーンピース×ベーコン

甘いお菓子より塩気の効いたものがほしい日のおやつによいレシピ。グリーンピースがなければ枝豆でもいいし、ベーコンだけでも構いません。小腹が空いた時、パッと作って焼きたてを頬張って。

材料（1個分）

A	薄力粉　100g きび砂糖　10g ベーキングパウダー　小さじ1 塩　ふたつまみ
B	植物油　15g 牛乳　40g ヨーグルト　40g
	グリーンピース（水煮）　40g ベーコン（厚切り）　50g
	トッピング用の薄力粉　適量

下準備
- グリーンピースはキッチンペーパーにのせて汁気を切る。
- ベーコンは小さな角切りにする。
- オーブンを200℃に温める。

作り方
❶ ポリ袋にAを入れ、袋の口をねじってしっかりと閉じ、よく振ってふるい合わせる。

❷ よく混ぜ合わせたB、グリーンピース、ベーコンを①に加える。袋の口をねじってしっかりと閉じ、ほぼひとまとまりになるまで振り混ぜる。

❸ 袋の隅をハサミで大きく切り、生地をオーブンシートに絞り出すようにして落とす。

❹ 手に少し水をつけて手早く丸く形作り、茶漉しで薄力粉をふって、軽くぬらした包丁で底まで十字に切り込みを入れる。

❺ オーブンシートごと天板にのせ、200℃のオーブンで20分ほど焼く。

バターで作るソーダブレッド

オイルの代わりに溶かしたバターを使って風味が増したソーダブレッドは、甘いアレンジが一層よく似合うように感じます。焼きたての熱いところをちぎって食べたり、スライスしたり。朝ごはんにもお茶の時間にもおすすめしたい、3つのバリエーションです。

バターで作るソーダブレッド ❶
全粒粉

薄力粉の一部を全粒粉に置き換え、ざっくりとした食感を加えた食べ応えのあるソーダブレッド。
ジャムをのせたり、はちみつやメープルシロップ、または有塩バターを添えてもおいしいです。

材料（1個分）

A
- 薄力粉　80g
- 全粒粉　20g
- きび砂糖　15g
- ベーキングパウダー　小さじ1
- 塩　ふたつまみ

バター　20g

B
- 牛乳　35g
- ヨーグルト　40g

トッピング用の薄力粉　適量

下準備
- バターは電子レンジで溶かす。
- オーブンを200℃に温める。

作り方

❶ ポリ袋にAを入れ、袋の口をねじってしっかりと閉じ、よく振ってふるい合わせる。

❷ バター（a）、よく混ぜ合わせたBを①に加える。袋の口をねじってしっかりと閉じ、ほぼひとまとまりになるまで振り混ぜる（b）。

❸ 袋の隅をハサミで大きく切り、生地をオーブンシートに絞り出すようにして落とす（c）。

❹ 手に少し水をつけて手早く円形に形作り（d）、茶漉しで薄力粉をふって（e）、軽くぬらした包丁で縦に浅く3本の切り込みを入れる（f）。

❺ オーブンシートごと天板にのせ、200℃のオーブンで20分ほど焼く。

a

b

c

d

e

f

バターで作るソーダブレッド ❷
りんご

りんごは小さな角切りにして生のままで生地に混ぜ込み、一気に焼き上げます。
りんごの分量は½個としましたが、小さめのものなら1個丸ごとをぎっしり混ぜ込んでも。

材料（1個分）

A	薄力粉　100g きび砂糖　15g ベーキングパウダー　小さじ1 塩　ふたつまみ
	バター　20g
B	牛乳　20g ヨーグルト　40g
	りんご　½個
	トッピング用の薄力粉　適量

下準備
- バターは電子レンジで溶かす。
- りんごは皮つきのまま小さな角切りにする。
- オーブンを200℃に温める。

作り方

❶ ポリ袋にAを入れ、袋の口をねじってしっかりと閉じ、よく振ってふるい合わせる。

❷ バター、よく混ぜ合わせたB、りんごを①に加える。袋の口をねじってしっかりと閉じ、ほぼひとまとまりになるまで振り混ぜる。

❸ 袋の隅をハサミで大きく切り、生地をオーブンシートに絞り出すようにして落とす。

❹ 手に少し水をつけて手早くだ円形に形作り、茶漉しで薄力粉をふって、軽くぬらした包丁で縦に浅く3本の切り込みを入れる。

❺ オーブンシートごと天板にのせ、200℃のオーブンで23分ほど焼く。

バターで作るソーダブレッド ❸
甘納豆

日本茶でも楽しめるソーダブレッドをひとつ。意外にもこんな和風の素材とも相性がいいんです。ここで使ったのは大納言甘納豆。うぐいすや数種ミックスにすると、切り口がカラフルになります。

材料（1個分）

A
- 薄力粉　100g
- きび砂糖　15g
- ベーキングパウダー　小さじ1
- 塩　ふたつまみ

バター　20g

B
- 牛乳　40g
- ヨーグルト　40g

甘納豆　60g
トッピング用の薄力粉　適量

下準備
- バターは電子レンジで溶かす。
- オーブンを200℃に温める。

作り方

❶ ポリ袋にAを入れ、袋の口をねじってしっかりと閉じ、よく振ってふるい合わせる。

❷ バター、よく混ぜ合わせたB、甘納豆を①に加える。袋の口をねじってしっかりと閉じ、ほぼひとまとまりになるまで振り混ぜる。

❸ 袋の隅をハサミで大きく切り、生地をオーブンシートに絞り出すようにして落とす。

❹ 手に少し水をつけて手早くだ円形に形作り、茶漉しで薄力粉をふって、軽くぬらした包丁で縦に浅く3本の切り込みを入れる。

❺ オーブンシートごと天板にのせ、200℃のオーブンで20分ほど焼く。

スティックパン

ポリ袋は、イーストを使って作るこんなパン生地も得意です。時間を有効に使える冷蔵庫発酵は一晩以上、丸1日ほど置いても大丈夫。前日に生地を仕込んでおき、食べたいタイミングで取り出して。
すぐに食べ切るなら、室温に戻さずそのまま焼いても。
ふくらみは控えめになりますが、おいしく食べられます。

スティックパン〈オイル〉❶
プレーン

ぷっくり可愛く焼き上がったスティックが持ちやすくて食べやすい。パラリとふりかけて焼いた塩がよいアクセントに。オイルはあればぜひ香りのよいエキストラバージンオリーブオイルを使って。

材料（6本分）

A
- 強力粉　120g
- きび砂糖　5g
- 塩　小さじ1/4

- 牛乳　85g
- 植物油　20g
- インスタントドライイースト　小さじ1/3
- トッピング用の塩　適量

下準備
- 牛乳を電子レンジで人肌程度に温める。

作り方

❶ 牛乳にインスタントドライイーストをふり入れ(a)、よく混ぜる。そのまま3分ほど置き、再びよく混ぜて溶かす。

❷ ポリ袋にAを入れ、袋の口をねじってしっかりと閉じ、よく振ってふるい合わせる。

❸ ①と植物油を加え、袋の口をねじってしっかりと閉じ、ひとまとまりになるまで振り混ぜる(b)。

❹ ハサミで袋を切り開き、生地を「2つ折りにしてのす」ことを8〜10回繰り返して(c)四角くまとめる。ポリ袋で包み、冷蔵庫で一晩休ませる(d)。

❺ ④を取り出し、ポリ袋を広げてはさみ、約12×18cmにめん棒で四角くのばす(e)。スティック状に6等分し、オーブンシートを敷いたバットなどに並べる。ラップをかけ、生地が室温に戻って少しふっくらとするくらいまで室温〜温かいところに置く(季節にもよるが30分〜1時間ほど)(f)。

❻ オーブンを180℃に温める。軽く塩をふり(g)、180℃のオーブンで12分ほど焼く。

a

b

c

d

e

f

g

スティックパン〈オイル〉❷
トマト

牛乳の代わりにトマトジュースを使った色鮮やかなスティックブレッド。粉チーズをふって焼くと、なんとなくイタリアンな雰囲気に。バジルやオレガノなどドライハーブを混ぜ込んでも爽やかです。

材料（8本分）

A
- 強力粉　120g
- きび砂糖　5g
- 塩　小さじ¼

- トマトジュース　85g
- 植物油　20g
- インスタントドライイースト　小さじ⅓

- トッピング用の粉チーズ　適量

下準備
● トマトジュースを電子レンジで人肌程度に温める。

作り方

❶ トマトジュースにインスタントドライイーストをふり入れ、よく混ぜる。そのまま3分ほど置き、再びよく混ぜて溶かす。

❷ ポリ袋にAを入れ、袋の口をねじってしっかりと閉じ、よく振ってふるい合わせる。

❸ ①と植物油を加え、袋の口をねじってしっかりと閉じ、ひとまとまりになるまで振り混ぜる。

❹ ハサミで袋を切り開き、生地を「2つ折りにしてのす」ことを8〜10回繰り返して四角くまとめる。ポリ袋で包み、冷蔵庫で一晩休ませる。

❺ ④を取り出し、ポリ袋を広げてはさみ、約12×18cmにめん棒で四角くのばす。スティック状に8等分し、オーブンシートを敷いたバットなどに並べる。ラップをかけ、生地が室温に戻って少しふっくらとするくらいまで室温〜温かいところに置く（季節にもよるが30分〜1時間ほど）。

❻ オーブンを180℃に温める。粉チーズをふり、180℃のオーブンで12分ほど焼く。

スティックパン〈オイル〉❸
ソーセージ

ソーセージのうまみと塩気があとを引く、どなたにも喜ばれる人気のレシピ。
成形時、ソーセージがぴょこぴょこはみ出ていても、焼くと上手に収まるので心配せずに。

材料(8本分)

A
- 強力粉　120g
- きび砂糖　5g
- 塩　小さじ¼

- 牛乳　85g
- 植物油　15g
- インスタントドライイースト　小さじ⅓

- ソーセージ　4本(80gほど)

下準備
- ソーセージは薄切りにする。
- 牛乳を電子レンジで人肌程度に温める。

作り方

❶ 牛乳にインスタントドライイーストをふり入れ、よく混ぜる。そのまま3分ほど置き、再びよく混ぜて溶かす。

❷ ポリ袋にAを入れ、袋の口をねじってしっかりと閉じ、よく振ってふるい合わせる。

❸ ①、植物油、ソーセージを加え、袋の口をねじってしっかりと閉じ、ひとまとまりになるまで振り混ぜる。

❹ ハサミで袋を切り開き、生地を「2つ折りにしてのす」ことを8〜10回繰り返して四角くまとめる。ポリ袋で包み、冷蔵庫で一晩休ませる。

❺ ④を取り出し、ポリ袋を広げてはさみ、約12×18cmにめん棒で四角くのばす。スティック状に8等分し、オーブンシートを敷いたバットなどに並べる。ラップをかけ、生地が室温に戻って少しふっくらとするくらいまで室温〜温かいところに置く(季節にもよるが30分〜1時間ほど)。

❻ オーブンを180℃に温める。180℃のオーブンで12分ほど焼く。

くるくるブレッド

単独で食べても十分おいしいこっくりとミルキーな生地で、お好みのスプレッドをくるくる巻いて。
キュートな渦巻きブレッドは、型に入れて焼き上げるから少しくらい形が崩れても平気だし、
渦巻きの大きさが不揃いでも、かえってそれが楽しげな表情につながります。楽しく作るのがいちばん！

くるくるブレッド〈生クリーム〉❶
ピーナッツバター

コーヒーによく合うナッティーなブレッド。ピーナッツバターは粒入りでも粒なしでもお好みのタイプを。
ピーナッツバターがかたい場合、電子レンジで加熱してやわらかくすると、塗り広げやすくなります。

材料（直径15cmの丸型1台分）

A
- 強力粉　120g
- きび砂糖　20g
- 塩　小さじ¼

- 牛乳　55g
- 生クリーム　50g
- インスタントドライイースト　小さじ⅓

- ピーナッツバター　65gほど

- トッピング用のきび砂糖　適量

下準備
- 牛乳を電子レンジで人肌程度に温める。
- 型にオーブンシートを敷く。

作り方

❶ 牛乳にインスタントドライイーストをふり入れ、よく混ぜる。そのまま3分ほど置き、再びよく混ぜて溶かしたら、生クリームを加えて混ぜる。

❷ ポリ袋にAを入れ、袋の口をねじってしっかりと閉じ、よく振ってふるい合わせる。

❸ ①を加え、袋の口をねじってしっかりと閉じ、ひとまとまりになるまで振り混ぜる（a）。

❹ ハサミで袋を切り開き（b）、生地を「2つ折りにしてのす」ことを8〜10回繰り返して四角くまとめる。ポリ袋で包み、冷蔵庫で一晩休ませる。

❺ ④を取り出し、ポリ袋を広げてはさみ、約18×23cmにめん棒で四角くのばす（c）。生地とポリ袋が密着しているので、一度生地からポリ袋をはがす。ピーナッツバターを塗り広げてくるくると巻き（d）、巻き終わりを指でつまんで閉じる（e）。

❻ 8等分して（f）型に入れ、ポリ袋に入れるかラップをかけて、生地が室温に戻り少しふっくらするくらいまで室温〜温かいところに置く（季節にもよるが40分〜1時間半ほど）（g）→（h）。

❼ オーブンを180℃に温める。きび砂糖をふり、180℃のオーブンで18〜20分焼く。

a　　　b　　　c　　　d

e　　　f　　　g　　　h

くるくるブレッド〈生クリーム〉❷
あんこ

あんこはパン生地で包み込むだけじゃなく、こんなふうにくるくる巻き上げてもちゃんとあんぱん。
ほかほかの焼きたてをちぎりながらいただく至福の時間、ぜひ手作りしてみてください。

材料（直径15cmの丸型1台分）

A
- 強力粉　120g
- きび砂糖　20g
- 塩　小さじ¼

- 牛乳　55g
- 生クリーム　50g
- インスタントドライイースト　小さじ⅓
- こしあん　100g
- 表面に塗る牛乳　適量（特になくてもよい）

下準備
・牛乳を電子レンジで人肌程度に温める。
・型にオーブンシートを敷く。

作り方

❶ 牛乳にインスタントドライイーストをふり入れ、よく混ぜる。そのまま3分ほど置き、再びよく混ぜて溶かしたら、生クリームを加えて混ぜる。

❷ ポリ袋にAを入れ、袋の口をねじってしっかりと閉じ、よく振ってふるい合わせる。

❸ ❶を加え、袋の口をねじってしっかりと閉じ、ひとまとまりになるまで振り混ぜる。

❹ ハサミで袋を切り開き、生地を「2つ折りにしてのす」ことを8〜10回ほど繰り返して四角くまとめる。ポリ袋で包み、冷蔵庫で一晩休ませる。

❺ ❹を取り出し、ポリ袋を広げてはさみ、約18×23cmにめん棒で四角くのばす。生地とポリ袋が密着しているので、一度生地からポリ袋をはがす。こしあんを塗り広げてくるくると巻き、巻き終わりを指でつまんで閉じる。

❻ 8等分して型に入れ、ポリ袋に入れるかラップをかけて、生地が室温に戻り少しふっくうするくらいまで室温〜温かいところに置く。

❼ オーブンを180℃に温める。牛乳を少量、指でちょんちょんと塗り、180℃のオーブンで18〜20分焼く。

くるくるブレッド〈生クリーム〉❸
紅茶×オレンジマーマレード

パウンド型で焼いたくるくるブレッドは、切った時の佇まいの可愛らしさも魅力のひとつ。
パウンドケーキみたいに切り分けて生クリームやバニラアイスをのせれば、カフェ気分も楽しめます。

材料（18×8×8cmのパウンド型1台分）

A
- 強力粉　115g
- 紅茶の葉　5g
- きび砂糖　20g
- 塩　小さじ¼

- 牛乳　55g
- 生クリーム　50g
- インスタントドライイースト　小さじ⅓

- オレンジマーマレード　40g程度

- トッピング用のグラニュー糖　適量

下準備
・紅茶の葉はすり鉢で細かくする。（ティーバッグの場合、ラップで挟み、めん棒を転がしながら押しつぶすとさらに細かくなる）
・牛乳を電子レンジで人肌程度に温める。
・型にオーブンシートを敷く。

作り方
❶ 牛乳にインスタントドライイーストをふり入れ、よく混ぜる。そのまま3分ほど置き、再びよく混ぜて溶かしたら、生クリームを加えて混ぜる。

❷ ポリ袋にAを入れ、袋の口をねじってしっかりと閉じ、よく振ってふるい合わせる。

❸ ①を加え、袋の口をねじってしっかりと閉じ、ひとまとまりになるまで振り混ぜる。

❹ ハサミで袋を切り開き、生地を「2つ折りにしてのす」ことを8～10回ほど繰り返して四角くまとめる。ポリ袋で包み、冷蔵庫で一晩休ませる。

❺ ④を取り出し、ポリ袋を広げてはさみ、約18×23cmにめん棒で四角くのばす。生地とポリ袋が密着しているので、一度生地からポリ袋をはがす。オレンジマーマレードを塗り広げてくるくると巻き、巻き終わりを指でつまんで閉じる。

❻ 8等分して型に入れ、ポリ袋に入れるかラップをかけて、生地が室温に戻り少しふっくらするくらいまで室温～温かいところに置く。

❼ オーブンを180℃に温める。グラニュー糖をふり、180℃のオーブンで18～20分焼く。

コラム② ラッピングで贈るお菓子のアイデア

ちょっとしたプレゼントにしたり、おやつに差し入れたり。
お菓子を贈るのも、お菓子作りの大きな楽しみのひとつです。
笑顔で受け取ってもらえるよう、気持ちよくおいしく食べてもらえるよう、ラッピングしましょう。
クッキーやビスコッティには、湿気防止の乾燥剤も一緒に入れておくと安心です。

1 クッキーを包む

● コーヒーアイシングをかけた
くるみのアメリカンクッキー

数個ずつ小袋に入れて口をシーラーで留め、ひとつはグレーのオーガンジーリボンを結んでシールを貼り、もうひとつはヘッダーをホチキスで留めました。同じお菓子でもラッピングの形を変えると見た目の印象がこんなに変わります。

2 ショートブレッドを1枚ずつ包む

● 塩バニラのショートブレッド

8〜12等分して焼いた細長い三角形が可愛いショートブレッドは、1枚ずつの小さなパッケージングでもなかなか見映えします。少量をたくさんの方に差し上げたい時などに便利。また、2〜3枚重ねて入れると、厚みと存在感が出ます。

● シールとヘッダーはパソコンとプリンターを使って作りました。
お菓子の名前やフレーバーに加え、作った日付なども入れるようにすると、受け取る側への気遣いに。
● 食品包装用の袋、リボンやラフィア、乾燥剤などは全て、ラッピング資材のお店や製菓材料店などで扱いがあり、ネット通販でも簡単に手に入ります。

3 パウンド型で焼いた ケーキを包む
● くるみをのせたバナナケーキ

カットしたケーキを一切れずつOPPの小袋（クリスタルパック）に入れて、口をテープで留め、グリーンのサテンリボンをかけました。リボンは十字にかけると少しドレッシーな感じ、1本のラインにかけるとすっきりとラフな感じに。

4 空き瓶を利用する
● ほうじ茶のパイロールクッキー

はちみつやジャムの入っていたきれいな空き瓶は、クッキーなどの小さなお菓子を贈る時にも便利。このまま保存して少しずつ食べてもらえるし、わざわざ購入した瓶ではないところが受け取る側にも気を遣わせないと思います。

5 四角く焼いた 小さめのスコーンを包む
● メープルアイシングをかけた プレーンスコーン

細長いOPP袋に入れ、口を淡いブルーのリボンで結びました。カジュアルなスコーンも、アイシング仕上げと蝶結びにしたリボンの効果で、ちょっとよそゆきのお菓子らしい甘い表情です。

6 紙袋を利用して スコーンを包む
● 紅茶のスコーン、 さつまいものスコーン

耐水耐油性のある紙袋に入れて口を折り、ヘッダーをホチキスで留めました。丁寧にラッピングしない分、作りたてをすぐに届けたい気持ちが伝わるのではないかなと思います。中身が見える窓付きのこんな紙袋も楽しいですね。

7 丸型で焼いた ケーキを包む
● ラムレーズン× ビスケットのココアケーキ

カットしたケーキを一切れずつ、折りたたんだワックスペーパーにのせて袋に入れ、ネイビーのサテンリボンでキュッと結びました。リボンをラフィアや麻紐にすると、より気軽な雰囲気が出ます。

8 ビスコッティを 数枚包む
● いちじく×くるみのビスコッティ

4～6枚まとめて入れる際は、マチ付きの袋に並べて入れ、口をシーラーで留めます。ひとつは真ん中にシールを貼ってから、アイボリーのリボンを十字にかけて蝶結びし、もうひとつはリボンを縦に1本ぐるっと巻いて、中央をシールで固定しました。

稲田多佳子

京都に生まれ育ち、現在も暮らす。
主婦ならではの目線で試作を重ね、家庭のキッチンで作りやすく
再現しやすいお菓子レシピを数々考案。
「手作りのおいしいものは、人と人とをやさしく温かくつないでくれる」
という実感に基づき、作ることの楽しさを発信している。
京都、名古屋にて、お菓子教室を時々開催。
日本茶インストラクター、ティーアドバイザー。
近著『ポリ袋でつくるたかこさんの焼き菓子』（誠文堂新光社）、
『たかこさんのマフィン型で焼くケーキとお菓子』（マイナビ出版）、
ほか著書多数。

HP　http://takako.presen.to
インスタグラムアカウント　takakocaramel

スタッフ
ブックデザイン　若山美樹　L'espace
写真　　　　　　宮濱祐美子、稲田多佳子
校正　　　　　　西進社

ポリ袋でもっとかんたん！
おいしい焼き菓子
オイルで作る・バターで作る59レシピ

2019年2月7日　第1版第1刷発行

著者　稲田多佳子
発行者　清水卓智
発行所　株式会社 PHPエディターズ・グループ
　　　　〒135-0061　江東区豊洲5-6-52
　　　　03-6204-2931
　　　　http://www.peg.co.jp/
発売元　株式会社PHP研究所
　　　　東京本部　〒135-8137　江東区豊洲5-6-52
　　　　普及部　03-3520-9630
　　　　京都本部　〒601-8411　京都市南区西九条北ノ内町11
　　　　PHP INTERFACE　https://www.php.co.jp/

印刷所・製本所　凸版印刷株式会社
©Takako Inada 2019 Printed in Japan
ISBN978-4-569-84220-2
※本書の無断複製（コピー・スキャン・デジタル化等）は著作権法で認められた場合を除き、禁じられています。
また、本書を代行業者等に依頼してスキャンやデジタル化することは、いかなる場合でも認められておりません。
※落丁・乱丁本の場合は弊社制作管理部（☎03-3520-9626）へご連絡下さい。送料弊社負担にてお取り替えいたします。